美少年的腐歷史

原來我們已經腐了兩千年

作者序　夢幻又稍縱即逝的「少年之美」

BOYS' LOVE（BL）、少年愛、YAOI、JUNE、腐女……儘管這只是一時興起的熱潮，但這些詞彙在日本的報章、書籍等各式出版品中已十分常見。

要是問少女們喜歡BL的哪一點，答案不一而足。例如，「我討厭看到喜歡的男生跟女生卿卿我我的樣子，但如果對象是男的就可以接受。」或是「為了克服困境而掙扎時，所產生的緊張感與懸念很吸引人」等等。

近年來，社會上重視公民權利的意識急遽上升。但事實上，直到數年前為止，想出櫃宣告自己是同性戀者，都還是件非常需要勇氣的事。在西洋歷史上也一樣，自從基督教興盛之後，同性戀被視為是毫無生產力的性事，而有一段漫長且備受迫害的歷史。

不過，若再進一步探究歷史，可以發現無論是西洋或日本，有些時代同性戀是擁有公民權並光明正大存在的。

例如古希臘時期，少年愛[1]被視為一種高尚的行為，並盛讚追崇年輕男子健美勻稱的體魄。如同後來的西歐文明將男女戀愛理想化一般，古希臘的人們也將同性戀視為理想的愛情形式。

而日本，在過去也將同性戀稱為「眾道」或「男色」，以自然的方式融入社會制度中。戰國武將除了擁有眾多妻妾之外，與稱為「小姓」[2]的美少年進行性行為也是理所當然的風尚；在禁止女色的佛門寺院中，僧侶就由稱為「稚兒」或「喝食」[3]的男童侍奉，讓他們打點身邊瑣事，甚至做為解決性需求的對象。

當時甚至還盛行「稚兒信仰」。中世紀的日本認為「稚兒」是神佛的化身，因此人們認為與神佛化身的幼兒肉體交融，是一件很神聖的事。

1 指成年男子和年紀在十二歲到十七歲之間少年的性愛關係。

2 日本將軍、大名及武士身邊的侍童。關於小姓、稚兒，請參閱第七章。

3 禪林用語，司掌喝食的職稱。即在大眾食齋時，立於食堂一側，唱報齋食的類別及進食方法的人。最初並沒有年齡限制，但在日本近世多以十歲左右、未得度的兒童擔任此職。

不過，西歐自從基督教勢力抬頭，同性戀就被視為罪犯或病人，開啟了同性戀的苦難歷史。之後歷經好幾個世紀的抗爭及社會運動，同性戀才在現今的社會上取回他們應有的權利。

然而事實上，無論在哪個時代、哪個國家，同性戀始終存在。例如，大文豪莎士比亞、奧斯卡・王爾德、保羅・魏崙、亞瑟・韓波、尚・考克多、安德烈・紀德、湯瑪斯・曼、勞倫斯、馬塞爾・普魯斯特、田納西・威廉斯、楚門・柯波帝、尚・惹內等名列世界文壇的大文學家，都是著名的同性戀者。

少年之美不屬於男人或女人，或許可以說，是介於兩者間的美。只要稍微偏向任何一邊，就可能破壞其微妙的平衡，因此是一種處於邊緣上的危險之美……

此外，少年之美也可說是剎那的美。像是日本江戶時代就有這樣的說法：「小姓的壽命最長三年」；《希臘詩文選》（*The Greek Anthology*）中，所收錄的古希臘詩人斯特拉頓（Strato of Sardis）的詩作寫道：「十二歲如花朵般盛開的少年雖然甜美，卻不如十三歲的少年更能勾起欲望……十六歲的少年是眾神追求的對象，而十七歲的少年根本輪不到我，只有宙斯才能享受。」

這種時間短暫、如煙火般燦爛般的美，就是少年之美。猶如曇花一現，在須臾之間夢幻般地消逝。正因為如此，當時的人們才會將少年之美視為是人生的理想，也是真實的純然美麗姿態。

桐生　操

Foreword

夢幻又稍縱即逝的「少年之美」

作者序

Chapter 1 從古代開始就已存在的同性戀——男孩們的成年禮

古代

古希臘

古羅馬

Chapter 2

對同性戀「不寬容」的時代

中世紀

文藝復興時期

Chapter 3

無法抑止的欲望

近代Ⅰ

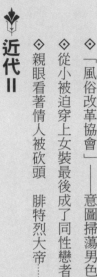

近代Ⅱ

Chapter 4

同性戀醜聞風暴

十九世紀至二十世紀

Chapter 5

因愛欲而扭曲人生的男人

十九世紀至二十世紀II

Chapter 6

現代的同性戀

二十世紀的同性戀

Chapter 7

日本的 BOYS' LOVE

關於日本歷史上的 BOYS' LOVE

Chapter 1

從古代開始
就已存在的同性戀
｜
男孩們的成年禮

古代

從男孩轉變為男人的「飲精傳統」

同性戀自古以來就一直存在於世界各地，尤以巴布亞紐幾內亞東高地省的原始部落特別著名。在某些原始部落裡，同性性行為不僅是所有男性必須履行的義務，也是成年禮儀式之一。

例如薩比亞部族（Sambia Tribe），與紐幾內亞其他高地社會相同，對於男性有特別的傳統習俗。一個男孩要成為真正的男人，必須經過好幾個階段的成年禮儀式。

當部落裡的男孩成長到七至十歲時，會被從母親身邊強制帶離，他們認為女性是種不淨的存在，開始進行成年禮儀式，一直到結婚為止。這個漫長的成年禮有六個階段，他們深信唯有讓男孩歷經這些儀式，才能成為真正能獨當一面的大人。

男孩被帶到與其他男孩共同生活的會所後，為了徹底去除母親給予的影響，必須接受嚴苛的考驗。首先，是流鼻血的疼痛儀式，以去除深植在男孩體內的女性「污染」，同時也可測試男孩的勇敢及忍耐強度。

淨身完畢的男孩，接下來會被帶到位於森林隱密處的屋子，對年長的同性進行口交行為。同時，這些男孩會被要求發誓永遠守住這個祕密，並威脅他們只要對任何女性洩漏口風，生命將會遭遇不測。

從這裡可以知道，在這個階段的成年禮儀式中，最重要的就是攝取年長男性精液的飲精行為。

薩比亞部落的男人認為人體無法自行製造精液，必須從人體外來取得。他們也深信只有從少年時期開始，定期不斷地進行精液攝取，才能夠讓男孩性成熟而成為一個真正的男人，並因此獲得生殖能力。

像這樣，男孩們直到十五歲之前，都是接受精液的一方，之後成為給予年少者精液的人。據說，這種給予精液和接受精液的行為，在彼此間也視為一種「結婚」關係。

解決性需求的對象只能是同性少年

現在我們把焦點轉到非洲，南蘇丹的阿贊德族（Azande）也同樣有著同性性行為的習俗。阿贊德族的女性通常在一出生時就會被訂下婚約，但年輕男性要到擁有足夠的經濟能力時，才會將女方娶回家。

這時若單身男性與女性私下偷情，一旦被發現，會被處以切除身體部位的酷刑。因此，單身男性想要滿足性慾時，只能找同性少男做為對象（即所謂的「少男女友」〔boy-girls〕），而這種同性性行為在阿贊德的社會文化中，已經成為一種制度且被認可。

通常阿贊德皇室的王子身邊，會有忠

阿贊德戰士

實的侍從隨侍在側。這些侍從不僅在平時幫忙煮飯、打掃等家務，戰時也會以戰士的身分與王子並肩作戰，還必須與王子發生性關係。大多數的侍從都是比王子還年輕的少男，王子對待他們也會如同妻子般的疼愛。

第三性，雙靈人

此外，美洲原住民部落在被殖民化之前，至少上百個部落裡有所謂「雙靈人」（two-spirit）[1]的社會角色存在，只是各有不同的名稱。在日本稱這種人為人妖、陰間[2]，或第三性。「雙靈人」多半指穿著女裝的男性，偶爾也會有少數穿著男裝的女性雙靈人。

雙靈人（以男性而言）的個性陰柔，多半以女性角色的行為顯露於外，例如從事家

1　指一個人的身體內，同時擁有男性與女性的靈魂。但也有人類學家認為，「雙靈」並非指具有多重性別的靈魂，而是具有戰士與族母兩種不同角色的靈魂。

2　指年輕男妓。「陰間」原本指的是歌舞伎中還在修行的女形（少年反串女角），少年為磨練女形演技會到茶屋與男性發生關係，後來卻演變成連一般少年也開始到茶屋裡賣淫，這些少年的年齡通常在二十歲以下。

務、手工藝、照料全家人等工作，並身穿女性服裝及飾品，舉止動作及聲調也很女性化。其中多為同性戀，許多人還同時身兼故事傳頌或巫醫的工作。

最具代表性的例子，就是美洲原住民部落祖尼族（Zuni）名叫維哈（We'wha）的知名人物。他是一名穿著女裝的男性，擁有優秀的論述能力、清晰頭腦，及先進思想，可說是祖尼人中最聰明的人。他從很小的時候就喜歡穿女裝、喜歡烹飪及打掃，與同性有

祖尼族的雙靈人唯哈

著性關係。

一八八六年，維哈受邀拜訪華盛頓，不僅受到華盛頓上流社會有如印第安皇室般的款待，還與當時的美國總統格羅弗・克利夫蘭（Stephen Grover Cleveland）會見。托他的福，祖尼人與美國人之間一直保持著友好關係。

古希臘

少年愛是高尚的「天上之愛」

在古希臘，同性戀是非常普遍的行為，少年愛也被古希臘人認為是一件高尚的事。當時少年成長到一定年紀之後，就會脫離母親的保護，送到體育館裡接受體育訓練以鍛鍊出勻稱的體魄，男性的力與美備受當時人們的崇拜。

古希臘時代認為異性間的愛情，肉欲層面更甚於精神層次，所獲得的只是稍縱即逝的肉體快感，因此被視為低俗之事而受人輕蔑。

相較之下，少年愛則是透過愛情在心中孕育美德，帶來社會的團結與個人名譽，是讓世界和諧的「天上之愛」而受人稱頌。

既是政治家也是大詩人的雅典立法者梭倫（Solon），即曾以詩如此歌頌：「一個人擁有健康的腸胃、腰腹與雙腿，時而享受少年或年輕女子魅力的幸福，肯定不會輸給家財萬貫的大富翁。」

梭倫雖然立法將同性性行為排除於學校及格鬥競技場之外，但根據《希臘羅馬名人傳》（*The live of the Noble Grecians and Romans*）內所記載，他的目的並非為了消滅同性性愛，而是為了禁止身分低微的人從事這項行為，讓同性性愛成為上流社會獨有的高尚活動。

同性戀軍隊

西元前四世紀的希臘，甚至還有一支由同性戀組成的軍隊。

柏拉圖（Plato）在《會飲篇》（*Symposium*）中，曾敘述「如果誕生了一個由同性戀組成的國家與軍隊，他們的統治肯定是最優秀的。只要每個人都能與心愛的人一同並肩作戰，即使人數很少，或說得更極端一些，即使與全世界為敵，還是能夠戰勝敵人。」

換句話說，人們都不會想在心愛的人面前表現出懦弱、貪生怕死的行為，而是會展現自己的高貴情操。甚至，一旦心愛的人身陷險境，自己也會賭上性命去保護對方……簡單來說，這種軍隊就是利用這樣的人性來提升戰鬥力。

實際上，古希臘城邦底比斯（Thebes，也譯作忒拜）就有一支這樣的軍隊，由一百五十對同性戀情侶所組成的軍隊，名為「底比斯聖隊」（Sacred Band of Thebes）。他們在戰鬥之前，一定會先向愛神厄洛斯（Eros）獻上供品。

他們總是與情人一起並肩作戰，生死與共，接二連三的勝仗讓這支軍隊名震天下。但到了喀羅尼亞戰役（Battle of Chaeronea），以雅典軍與底比斯軍為主力的希臘聯軍，敗給了馬其頓軍，這支軍隊也在此役中被全數殲滅。

戰爭過後，在現場清點戰死人員的國王腓力二世（Philip II of Macedon），看到這三百具相擁而亡的底比斯聖隊戰士屍首，停下了腳步。當他得知這些人是同性戀情侶時，不禁感動落淚，並說了這句話：

「任何質疑這些人的行為或經歷是不得體的人，都應該被殺死。」

連殘酷暴君也感動的同性戀故事

還有一個與同性戀相關的感人故事。這是發生在西元前六世紀，西西里島的阿格里真托（Agrigento），一對分別名為卡利頓（Chariton）與墨蘭尼波斯（Melanippus）情侶身上的故事。

當時阿格里真托的統治者是殘暴酷虐的暴君法拉里斯（Phalaris），據說他會把人關在青銅製的牛身裡以火灼烤。

住在此地的美少年墨蘭尼波斯及青年卡利頓，是一對彼此相愛的同性情侶。有一次，墨蘭尼波斯遭受到不公平的審判，心生憤慨之餘，偕同友人計畫要暗殺暴君法拉里斯。

當卡利頓得知這個計畫時，對於墨蘭尼波斯的魯莽相當驚愕，於是試圖說服少年打消念頭。然而，墨蘭尼波斯聽不進去他的勸告，意志堅決。卡利頓為了不讓墨蘭尼波斯身陷險境，於是自行前去暗殺法拉里斯。就在他拿著短劍襲擊法拉里斯時，被一旁護衛的衛兵們抓住。

法拉里斯對卡利頓施以殘酷的拷問，要他招出共犯，但卡利頓很有骨氣地承受住長時間的拷問，堅決不供出墨蘭尼波斯的名字。就在這個時候，墨蘭尼波斯出現在法拉里斯面前，坦承自己才是這起暗殺的首謀，應該要由他來接受懲罰。

這對戀人捨命互相保護對方的行為，讓殘酷的暴君深受感動。最後，法拉里斯釋放了兩人，並將他們驅離西西里島，下令永遠不得再回到這個地方來。

根據阿特納奧斯[3]（Athenaeus）的著作記載，太陽神阿波羅盛讚兩人「教導生命短暫的人類何謂神的愛」，認為他們兩人的愛情是應受人們景仰的典範。

古希臘神話裡的淒美同性戀人—太陽神阿波羅與雅辛托斯（風信子）

古羅馬

家中的奢侈品「快樂之子」

古羅馬時期同性戀不僅被社會普遍接受，當時的同性賣春行為也相當盛行，某種程度上可說是將同性戀低俗化了。世界上最早將自由民少年去勢後販賣的，就是一名住在愛琴海東布希俄斯島（Chios）上，叫做彭里安奧斯（Panicnios）的人。據記載，他會先在奴隸市場專門選購貌美的少年，將之去勢後再以高價賣出。

當時的閹人可分為三種：（一）將所有性器官切除的卡斯特拉提（Castrato），這

3 古羅馬作家，著有《智者的歡宴》（Deipnosophistae）一書，該書以名儒學者聚餐談話的形式寫成，談話的主題包括日常社會生活、風俗、藝術、科學、文學等各方面，為後世保留了大量珍貴的風俗和文學資料。

種的人數最多；（二）還留有部分性器官的史帕多涅斯（Spadones）；（三）將整個睪丸摘除的滋里比耶（Thlibias）。這三種閹人的賣春價格都不盡相同。

這些賣春少年的年齡大約在十二歲至十六、十七歲之間，到了十八歲之後幾乎就無人聞問。而富裕的羅馬貴族則會直接購買數名奴隸少年回家，猶如皇帝般地寵幸他們。

他們被稱為「快樂之子」，大多是由奴隸販從國外進口至羅馬的奴隸市場販賣，和家具擺飾一樣都是奢侈品。

拍賣時，少年們站在高臺上，在圍觀群眾面前擺出撩人的姿勢供人觀賞，或是發出撒嬌的聲音吸引注意。羅馬人對於聲音如鳥鳴般的埃及、敘利亞、摩爾、亞歷山卓等地的少年，情有獨鍾。

被販賣到富有人家的少年，除了做為主人的性奴之外，還必須在主人舉辦的宴席中載歌載舞取悅賓客。同時，幫賓客清洗手腳、送餐盤、驅趕蒼蠅，也都是他們的工作。賓客們在用完餐洗手之後，則用少年們的長髮來擦手。

寵愛美少年奴隸　哈德良皇帝

在古羅馬皇帝間也流行同性戀。例如，約西元兩百年的羅馬皇帝埃拉伽巴路斯（Elagabalus）就是一名同性戀者。他有穿女裝的癖好，總是穿著由絹絲與金線縫製的曳地女性長衫，臉上塗白粉、胭脂，還畫眉毛，以及戴著婦女用的頭飾，並要人們稱他為女王。

此外，他還在王宮裡特別設置了一個房間，以做為讓他進行下流勾當時的場所。在房間裡他會對著偷偷帶入皇宮內的卑賤奴隸，全裸地搔首弄姿、淫聲浪語，而結束後還會跟他們收取費用，行徑就像個妓女。

不僅如此，據說他還迷戀上粗暴的奴隸，將對方視為自己丈夫般地寵愛，最後還順從對方的要求，從亞歷山卓城找來醫生替自己做變性手術，將下體變成女性性器官。

羅馬五賢帝之一的哈德良（Hadrian）皇帝，也擁有一名美少年奴隸，名叫安提諾烏斯（Antinous）。安提諾烏斯來自羅馬行省比提尼亞（Bithynia）的哥勞地奧波利斯

（Claudiopolis）[4]。西元一二四年，哈德良皇帝途經安提諾烏斯的家鄉看見他時，立刻被他的俊秀容貌所吸引，之後帶他進皇宮成為他的孌童，形影不離。

在出土的古埃及莎草紙文物中的四十行詩，也記載了哈德良皇帝與安提諾烏斯參與狩獵獅子活動，以及皇帝拚命地從凶猛獅子的獠牙利爪下救出少年的情景。從這裡就可窺見皇帝對安提諾烏斯至深的愛。

安提諾烏斯年紀輕輕不到二十歲就去世了，死因眾說紛紜，但一般推測極可能死於獻祭。哈德良皇帝是個喜歡預言與魔法的人，為了完成身為皇帝的任務，希望自己的壽命能夠延長。

魔法師告訴皇帝，要延長壽命就必須找一名男子代他而死。所有

古羅馬時期沃倫杯上成年男子與少年男奴性愛畫面的浮雕紋飾

的奴隸聞言，個個都嚇得拒絕犧牲，只有安提諾烏斯自願成為活祭品。

於是，安提諾烏斯為了延長皇帝的壽命，做為活祭品獻祭了。哈德良皇帝對於他的死去極度悲傷，不只厚葬他，還以安提諾烏斯為名修建了安提諾波利斯市（Antinopolis，今埃及南部），並宣布安提諾烏斯為城市的守護神。除此之外，哈德良皇帝也在羅馬帝國的多處城市裡，放置了安提諾烏斯的雕像或胸像以做紀念。

模仿被強暴處女的痛苦哭喊聲　暴君尼祿

暴君尼祿（Nero，三七－六八年）不僅是知名的同性戀者，也是個雙性戀者。西元六五年的一天，剛從酒宴回來的尼祿，與他的美豔皇后波培婭（Poppaea Sabina）發生了口角爭執，醉醺醺的尼祿一時火大就踹了皇后一腳。

當時波培婭正懷第二胎，她因此流產，不久後更因失血過多而喪命。尼祿為此難過不已，下令替她舉行國葬，並親自致追悼詞，稱波培婭為「神子之母」，對她的死感到相當惋惜。

4　現今土耳其的博盧（Bolu）一帶。

因為尼祿久久無法忘懷波培婭，於是受他賞識的羅馬帝國朝臣與文學家佩特羅尼烏斯（Petronius）便將一名長相神似波培婭、名為斯波魯斯（Sporus）的少年，送到尼祿身邊。據說，尼祿將斯波魯斯的名字改為女性名字薩賓娜（Sabina），並將他去勢，強迫變性。

之後，尼祿在帕拉蒂尼山（Palatine）的宮殿中，讓少年戴上紅色的新娘頭紗，煞有其事地舉行「婚禮」，而後兩人就像夫妻般地一起生活。不過，儘管少年長相與死去的妻子極為相似，畢竟不是本人，於是不到一年時間，尼祿就對少年失去了興趣。

欲求不滿的尼祿愈來愈荒唐，開始進行亂七八糟的性雜交。尼祿更是想出了一種新遊戲。他將進貢給他的男女全裸地綁在柱子上，自己披上老虎或獅子毛皮後，撲到這些人身上，假裝要吃掉他們的性器官。尼祿的這個下流嗜好，最後都會被男奴多留波爾斯（Doryphoros）[5]從身後性侵做結束。

羅馬帝國時期的歷史學家蘇埃托尼烏斯（Suetonius）的著作中，就記載了尼祿扮成新娘、多留波爾斯扮成新郎舉行「婚禮」之事；在破處儀式中，尼祿還裝出處女被性侵的哭喊聲。

吸吮、啃咬、撫摸陰莖的少年「小魚」——提比略皇帝

提比略皇帝（Tiberius，西元前四二－前三七年）也是一個知名的雙性戀者。提比略皇帝退隱到卡布里島（Capri）之後做的第一件事，就是建造能夠隨心所欲淫亂雜交的大型妓院。

為了充實這座皇帝御用妓院，提比略派出奴隸部隊前往羅馬帝國的各個城鎮鄉村，搜羅美少年與美少女。如果他們的父母抗拒皇帝命令，幾天之後這些孩子就會突然失蹤，無論父母哭得多傷心都見不到他們。

當時，提比略已年近八十，行為之所以如此變態，主要是為了點燃他殘存的性慾之火。

在當時，卡布里島的洞窟岩壁上處處飾以猥褻圖案的雕飾。卡布里島現今已是知名觀光勝地，其洞窟岩壁之間，在火把的照耀下，似乎仍可看見提比略與他心愛孩子們在水中游泳嬉戲的身影。提比略皇帝稱這些孩子們為「小魚」，有時候會讓他們潛入水

5　在羅馬史學家塔西佗與卡西烏斯・狄奧的記載中，則是名為畢達哥拉斯（Pythagoras）的自由民。

中，吸吮、啃咬、撫摸他的陰莖。

此外，提比略皇帝也會在「躺椅室」裡，觀賞兩名少女與一名少年，或是兩名少年與一名少女，全身赤身裸地進行各種性交姿勢。

而島上的庭園或洞窟等地，也都成了妓院，在裡面的少年少女們都必須扮成牧神或水妖，並以性招待前來的訪客。

提比略皇帝只要性慾一來，即使正在舉行神聖的儀式，照樣旁若無人地推倒少年僧侶，一逞獸欲。如果膽敢抵抗他，後果將不堪設想。有一次一名少年僧侶在儀式中突然被提比略皇帝推倒，因為強力抗拒，就這樣硬生生地被折斷雙腿。

Chapter 2

對同性戀「不寬容」的時代

中世紀

打壓聖殿騎士團——對同性戀「不寬容」的時代

隨著基督教勢力在西歐世界的滲透，對於「性」明顯轉向了不寬容的態度。聖奥古斯丁（Augustine of Hippo）[1]提倡禁欲主義，並認為同性戀是違反自然之事，強烈指控其為褻瀆神的重罪。

對於同性戀從「寬容的時代」演變至「不寬容的時代」，最具象徵性的一件事，就是法國國王腓力四世（Philip IV of France）在一三〇七年所進行的「打壓聖殿騎士團事件」。

聖殿騎士團（Knights Templar）是在一一一八年，由法國騎士雨果・德・帕英

（Hugues de Payens）等八人，為保護聖地耶路撒冷的朝聖者，在朝聖路途中不受異教徒殺害，而成立的修士會。十字軍在攻下耶路撒冷後，只留下少數兵力戍守便返回家鄉，因此由聖殿騎士團接下人手不足的防禦工作。

一一二八年，在法國特魯瓦（Troyes）召開的主教會議上，教宗何諾二世（Pope Honorius II）正式承認聖殿騎士團的地位，為帶有軍事性質的軍事修會。在對維護聖地也想有所貢獻的王公貴族們的支持與捐助下，聖殿騎士團的財富、兵力與組織規模迅速發展。騎士團也涉足金融事業，在信用與財力的有效運作下，最終擁有了遠勝於國王的勢力。例如，當時聖殿騎士團在全歐洲的年貢是五千四百萬法郎，這已經超過國家的歲入了。

聖殿騎士團在歐洲境內的勢力範圍，含括了普羅旺斯、香檳、英格蘭、托斯卡尼、法國南部朗多克胡西雍（Languedoc-Roussillon）等地。他們在鼎盛時期所擁有的不動

1　西元四世紀基督教神學家、哲學家，曾任天主教會在北非希波（Hippo Regius，今阿爾及利亞安納巴）的主教。因對基督教有重要建樹，故被天主教會封為聖者，稱聖奧古斯丁（Sanctus Aurelius Augustinus），著有《懺悔錄》、《論三位一體》、《上帝之城》、《論自由意志》、《論美與適合》等。

產、城堡與教堂，南北自波羅的海到地中海，東西則遍及大西洋沿岸至聖地之間都有。無論是法國境內公款的使用，或送到遠地的獻金等等，要說全都在他們組織的掌握之下也不為過。

但是，一旦掌握了如此絕對的勢力，自然就會招人嫉恨。十三世紀末，由於法國國王腓力四世（美男子）不斷挑起戰爭而大量耗損經費，國庫的嚴重赤字正讓他煩惱不已。為了解決問題，他發行強制公債、讓貨幣貶值，並且將猶太人逐出法國境內、沒收他們的財產等，施行了許多嚴苛的金融政策。

同時，在腓力四世的壓力下，當時的羅馬教宗克雷芒五世（Pope Clement V）成為他的傀儡，強迫要求享有特權，例如將法國境內教會領地稅收的十分之一（十一稅）獻贈給他五年。而為了就近掌控教宗，又把教廷從羅馬遷移至亞維儂（Avignon），史稱「亞維儂教廷時期」（Avignon Papacy；因教宗實際上是法國國王人質，所以又稱為「亞維儂之囚」）。

接著，握有大權的腓力四世又採取了更令人驚駭的行動。一三〇七年十月十三日，他下令將住在法國境內共五千名的聖殿騎士團成員全部逮捕。而腓力四世為了讓被抓的騎士團成員招供出他所期待的內容，對他們施以殘酷的拷問。

光是巴黎市內，就有三十六名騎士在被逮捕後不久遭拷問身亡。這些酷刑包括：不給食物；猛烈地鞭打；灼燒雙腿直到皮肉燒盡只剩下骨頭；綁在拷問臺上拉伸四肢直到手腳斷離身體；以及將雙手反綁在背後吊起直到雙肩無法承受重量，手臂從關節處折斷等等。

當時他們被指控的罪名是「在宗教儀式上找藉口踐踏十字架、否定基督教、進行褻瀆神明的宗教活動」，以及「舉行巫魔狂歡夜宴，與惡魔及可怕的地獄娼婦夜魔女進行不可饒恕的性交」等，其中還有一項罪名是「大部分的騎士團成員都犯有同性性愛的罪」。

另有一說則是，新進騎士在入團時，會被迫與同性進行性行為。此外，在入團儀式上，新進騎士必須全身洗淨地宣誓遵守團規戒律，一一回答騎士團成員提出的問題，並且膜拜名為巴弗滅（Baphomet，俗稱巴風特）的惡魔偶像，以及與資深騎士接吻。不過問題是，這裡所謂的接吻，除了口唇相接，還要親吻肚、臍，甚至是性器官這些部位。

歷史學家約翰・鮑斯威爾（John Boswell）認為打壓聖殿騎士團一事，其實就是針對同性戀的打壓。因此，對同性戀者的態度由寬容的時代轉變至不寬容的時代，將這起打壓事件看成是其象徵之一，或許也算是一種觀點。

被處以燒紅鐵棒插進肛門的刑罰　愛德華二世

聖殿騎士團被下令逮捕的一三〇七年，對岸的英國正由愛德華二世（Edward II）即位，他對聖殿騎士團抱持友善的態度，自始至終都反對逮捕他們。就算最後教宗送來咨文強制要求他逮捕騎士團成員，他也不像腓力四世那樣對他們施以嚴酷的拷問。

實際上，愛德華二世本身就是同性戀者，或許因此他也沒有立場來逮捕聖殿騎士團的成員。

愛德華二世從小就有個名叫皮耶・蓋夫斯頓（Piers Gaveston）的少年玩伴，愛德華深為這名美少年著迷，不論日夜兩人形影不離。父親愛德華一世看到兒子對少年如此迷戀感到相當憂心，因此將蓋夫斯頓流放。

愛德華為此悲傷不已，當父親去世，自己即位成為愛德華二世後，立刻召回蓋夫斯頓並任命他為康沃爾伯爵（1st Earl of Cornwall）。此後，蓋夫斯頓便公然地成為愛德華二世的寵臣。

一三〇八年，二十四歲的愛德華與才十二歲的法國公主伊莎貝拉（Isabella of France）結婚。蓋夫斯頓那時也已經結婚了，但國王跟蓋夫斯頓不僅無視於妻子的存在，反而彼此的關係愈來愈親密。

愛德華與伊莎貝拉在法國舉行婚禮，當時他的舅舅腓力四世送給他許多結婚禮物，據說他將全部禮物都寄回英國送給了蓋夫斯頓。

當新郎新娘搭著船抵達英國時，愛德華一下船就立刻飛奔至等待他的蓋夫斯頓身邊。站在甲板上的伊莎貝拉看見這一幕會有多麼震驚，也就不難想像了。

不僅如此，在加冕儀式時，蓋夫斯頓還坐在原本該是王后坐的位置上，戴著皇冠與國王緊牽著手，讓列席人員全都瞠目結舌。甚至連為了加冕儀式而製作的掛毯上，繡的也不是國王與王后的紋章，而是愛德華與蓋夫斯頓的紋章，這種情況教人情何以堪。

愛德華二世和他的寵臣皮耶・蓋夫斯頓

儘管如此，當時還很年幼的王后也只能隱忍這份屈辱。然而在四年之後，愛德華因為想讓蓋夫斯頓攝政而引爆了周遭大臣的怒火，貴族們強烈反對，最後乾脆處死了蓋夫斯頓。

大受打擊的愛德華二世，後來很長一段時間都只忠於伊莎貝拉一人，但八年後，他又再度耽溺於同性戀情中。這次的對象是名為休・德斯潘塞（Hugh Despenser）的寵臣。而且令人吃驚的是，「休・德斯潘塞」其實是一對同名的父子，也就是國王讓父子兩人同時成為自己的情人。

這時的伊莎貝拉王后已經二十五歲，對丈夫的行為，不再像從前一樣地忍氣吞聲。王后打算報仇，並計畫殺害丈夫，讓他們兩人的兒子繼承王位。

而這個時候，伊莎貝拉也成了羅傑・莫蒂默（Roger Mortimer）的情婦。他是暗殺蓋夫斯頓的貴族之一，後來被愛德華逮捕囚禁在倫敦塔，兩年後成功逃到了法國巴黎。

伊莎貝拉造訪法國時，兩人相遇並墜入了愛河。過去只與女性化丈夫相處過的伊莎貝拉，初次嘗到了四十歲出頭、身經百戰的戰士健壯肉體滋味。

曾是對抗蘇格蘭戰爭中的英雄莫蒂默，搖身一變成為與愛德華不共戴天的敵人，率領軍隊登上了英格蘭。再加上早就對國王嚴重不滿的倫敦貴族們群起呼應，愛德華的軍隊沒多久就落敗了。

德斯潘塞父子被逮捕，在伊莎貝拉面前處以極刑，他們不僅被切除性器官，腸子也被拉出體外。而後愛德華也被逮捕並被迫退位，由兒子愛德華三世繼承王位。但因為王子還很年幼，所以伊莎貝拉與莫蒂默成為英格蘭的實際統治者。

然而，對已遭罷黜的前任國王不滿極深的貴族仍聚集不散，這讓伊莎貝拉與莫蒂默決定處死前任國王。而處死愛德華二世的方法極為殘忍，他們命人讓愛德華四肢著地，以燒紅的鐵棒插入他的肛門虐死。

伊莎貝拉命人逮捕愛德華二世的情景

史書上只記載著「他那應感到羞恥卻獲得快感的部位」遭到炮烙。而撰寫《同性戀的世界史》的海野弘先生，則從德斯潘塞被切除性器官、而國王是被炮烙肛門這點，推測國王在這份同性關係上，應該是屬於受[2]的一方……

對男童、少年們的殘酷拷虐與殺戮 吉爾・德・萊斯男爵

提到中世紀的同性戀者，讓人聯想到的還有十五世紀的法國人吉爾・德・萊斯（Gilles de Rais）男爵。只是比起做為一個同性戀者，他對男童與少年們的殘酷拷虐及殺戮行徑，更為聲名遠播。

法國作家夏爾・佩羅（Charles Perrault）創作的童話《藍鬍子》（Barbe-Bleue），講述一名有著藍鬍子的公爵連續殺掉自己歷任妻子的故事。這名「藍鬍子」的原型就是吉爾・德・萊斯男爵，只是男爵所殺的並不是妻子，而是好幾百名的男童與少年。

吉爾・德・萊斯所處的年代，正是英國與法國為了爭奪法國王位繼承權而興起「百年戰爭」的時期。當時巴黎落入英軍手中，法國最重要的都市奧爾良眼看即將淪陷，這時法國的救世主聖女貞德（Jeanne d'Arc）出現了，而吉爾・德・萊斯就是跟隨貞德的將

領之一。他於一四〇四年出生於布列塔尼半島上的大貴族家庭，對文學及藝術的造詣很深，是當時少數受過良好教育的人。

吉爾・德・萊斯雖然在戰場上有如雄獅般勇猛敏捷，但戰爭結束，他繼承祖父的遺產成為法國數一數二的大富豪之後，便開始沉淪於奢豪的酒色之中，以及耽溺享受殘虐的樂趣。

他自掏腰包建造了豪華的教堂，並從全國找來擁有美麗聲音與容貌的少年成立聖歌隊。但是實際上，這些少年並不是要奉獻為上帝所用，而是被強迫在吉爾舉辦的淫亂宴會上獻身來滿足他的性慾。

而被美酒佳餚挑起性慾的賓客們，也會當場直接把少年推倒在地一逞獸欲。吉爾非但不會感到不悅，在一旁觀看賓客玩弄屬於自己所有物的少年們，反而讓他有種變態的快感。

揮金如土的吉爾・德・萊斯沒多久就花光了從祖父繼承而來的龐大遺產，只好到處

2　同志用語。攻：男同志中主動（插入）的那一方，即男同志中通稱的一號；受：被動（被插入）的一方，即零號。

借貸。借無可借之後開始典當家傳寶物跟寶石，再後來則是販賣村莊城鎮，最後連城堡都賣掉了。

儘管如此，吉爾・德・萊斯依舊揮霍無度散盡家財，這時他彷彿捉到救命稻草般，開始熱衷於鍊金術。但是，即使他與鍊金術師一再反覆進行召喚儀式，仍什麼都沒有出現，無論是黃金或惡魔。

然而在一四三九年，一個改變吉爾・德・萊斯命運的男人出現了，來自義大利的鍊金術與巫術大師、祭司法蘭西斯・普拉提（François Prelati）。他慫恿吉爾若想要召喚惡魔，必須獻上男童與少年的鮮血。

從此之後，吉爾所居住的城裡不斷有男童與少年遭到殺害。遭受他殘酷拷虐並殺害的男孩數量，從上百人到八百多人的說法都有。

這些男孩全部來自貧困家庭，不是被誘拐來就是買來的。一開始他們還以為自己非常幸運，畢竟被領主看上了。男孩們的家裡都有很多兄弟姊妹，食物總是不夠分，也只能穿著骯髒破舊的衣服一起擠在布滿灰塵的破屋子裡。

當時要脫離貧窮有兩種方法，一種是加入教會，而另一種是如果長得俊秀，就有機會被領主注意而帶回去當小男僕……對於他們而言，「小男僕」這個字眼聽起來充滿著希望。就這樣，貧窮家庭的孩子們，接二連三莫名地消失……

被拐來的男孩一來到城堡，就會先被帶去梳洗乾淨，穿上新的衣服。當男孩感覺舒適得如夢一般時，就會被家僕帶到偉大領主的房間。吉爾會溫柔地跟男孩說話，讓緊張的男孩逐漸鬆懈心防。

吉爾喜歡慢慢地消磨時間，會盡可能延長自己的滿足感。他喜歡看到男孩們愈來愈習慣自己所獲得的幸運。他給這些男孩點心吃並愛撫他們，男孩們逐漸習慣與放鬆之後，表情也從自信轉變成被嬌寵者特有的天真傲慢，吉爾非常享受看到這樣的轉變。

吉爾用虛偽又溫柔的聲音誇獎他們「你真可愛」，輕聲說：「來，轉一圈給我看看。」然後一步步開始愛撫少年。接著愛撫逐漸變得粗暴，最後變成搔抓啃咬，吉爾也愈來愈興奮。

無法抵抗的男童或少年只能任由他需索侵犯。吉爾強姦男童或少年之後，還命令家僕把他們吊在天花板上，然後又再把他們放下來，對他們說：「別怕，我不是在欺負你，只是開個小玩笑而已」，誘哄孩子們讓他們不再哭泣。

這些孩子們從傲慢到恐懼，再由恐懼到放心的心境變化，讓吉爾興奮無比。儘管遭遇那樣不堪的對待，純真的男孩們仍會被溫柔的言語蒙蔽，深信剛才所發生的可怕事情只是夢一場。正是這些轉變，挑逗著吉爾的內心。

一四四〇年，吉爾還是遭到逮捕。據說他在馬謝庫（Machecoul）的城堡裡，被發現了塞滿男童與少年屍體的大木桶，以及染血的襯衣、燒剩的骸骨、焚燒屍體後的灰燼等等。

宗教法庭與世俗法庭以異端、邪術、同性戀、殺害兒童等罪狀審訊吉爾。吉爾聽聞自己可能遭到拷問，驚慌害怕之餘忽然變得十分合作，抽抽噎噎地流下後悔的淚水，坦白交代自己犯下的罪過。聚集前來旁聽的民眾多到擠不進法庭內，全都擠在走廊上，有些則排隊站在院子裡，甚至連附近的小徑都擠滿了人，堵住往來馬車與行人的去路。

在列席的陪席法官與審判長面前，吉爾雙膝跪地，噙著淚水，顫抖著雙唇，鉅細靡遺地供出自己所犯下的各項罪行。

他述說了自己是如何侵犯男童與少年的肉體，絞殺他們，剖開他們的胸口，掏出他們鮮血淋漓的內臟。又述說了被切割的少年們是如何可憐兮兮地抓著他，苦苦哀求他的饒恕。當吉爾安撫他們之後，再突然從他們的脖子後方劃刀時，男孩們又是多麼恐懼。看著男孩們臨死前痛苦的樣子，吉爾與部下們又是多麼快活地笑著……

聽到這裡，旁聽席上的男士們個個驚駭氣憤得大吼，女士們則是當場昏倒。一四四〇年十月二十六日，在屏息以待的圍觀群眾面前，吉爾・德・萊斯脖子套上絞繩，在行刑臺上結束了他的一生，享年三十六歲。

妻子對愛上俊美騎士的丈夫策劃完美的復仇　皮耶・史塔涅爾

距離瑞士日內瓦約一小時車程的西庸城堡（Chillon Castle），是座有「雷夢湖女王」（Lac Léman）之稱，美麗得令人讚嘆的水上城堡。但事實上，這座城堡在十六世紀時，是一座監獄。

進入城堡入口後往地下室前進，首先映入眼簾的是一列支撐石造拱形天花板的粗大石柱，天花板底下則是一片開闊的冷硬空間，雷夢湖水拍打城牆的聲音不斷從耳邊傳來。從濕潤的地板看來，可以想見風浪大時，湖水濺起的水花從窗戶潑灑進來的情景。

在薩伏依（Savoy）王朝的彼得二世（Peter II，十三世紀）時期，這座城堡是由他的堂兄弟皮耶・史塔涅爾（Pierre Staner）所居住，而他的妻子凱薩琳（Catherine）出身佛羅倫斯望族，是名美麗卻性格衝動的女性。

家臣中，有個名叫波倫・麥約爾（Boren Mayol）的騎士，年輕俊美，在戰場上也表現得很勇猛，深受城主信賴。凱薩琳想把一名侍女賜給他做妻子，卻得不到波倫的正面回應。接著，她又介紹薩伏依第一美女給他，也遲遲不見波倫點頭。

其實早在很久之前，凱薩琳就懷疑波倫與丈夫皮耶之間有不正常關係。只要戰爭一開始，他們兩人就一同愉快地出征。即使回到城堡裡的時候，兩人也經常一同前往森林狩獵，還不時就留宿野外，以單純的主從關係而言，未免也過分親密得啟人疑竇。

當時，城主與夫人分別睡在不同寢室是很普遍的事，但皮耶實在很少造訪妻子的寢室，但也沒聽說過他有其他情婦。

極度渴望知道真相的凱薩琳終於下定決心，趁著丈夫與重臣們外出打獵時，在波倫房間的牆壁上做了一扇密窗。

一天晚上，凱薩琳偷偷來到走廊下，從密窗往波倫的房間裡偷窺。此時，在燭臺微弱的光線下，只見丈夫與波倫在床上赤身裸體地相擁而眠。

看見這個畫面的凱薩琳幾乎嫉妒得要發狂，但如果在此時發難肯定對自己不利，於是她按捺住怒氣，假裝若無其事地回到自己的房間。從那時候起，她所有心思就放在報仇的執念上。

事實上，從很久之前開始，凱薩琳就傾慕著俊美的波倫。但是妻子外遇是個大禁忌，因此她才想親自幫波倫挑選配偶，滿足自己對他的控制欲。

凱薩琳因丈夫與波倫兩方給予她的屈辱與嫉妒而怒火中燒，最終讓這件事以悲劇收場。

數日後，外出的丈夫在黃昏時回到家，迎接他的竟是可怕的情景。原來他外出時，波倫被關入了地牢。他質問到底發生什麼事，得到的回答竟是波倫闖入凱薩琳的寢室意圖施暴。

「這怎麼可能！」深知波倫喜愛同性且對女性反感的皮耶震驚地大喊。但是有兩、三名證人指證歷歷，而且作證的人都是他非常信任的重臣，這讓皮耶相當無奈。

悲劇就在雷夢湖漲潮的時候發生了。那天晚上北風強烈吹拂，後來成了暴風雨，大量湖水從地牢的窗戶湧入，被鍊在岩石上的波倫無法脫逃，只能活生生地溺水而死。

隔天早上，凱薩琳來到地牢，看到波倫那悽慘的死狀及充滿怨恨的遺容，不由得失聲尖叫。當時，波倫為了逃離逐漸升高的湖水，拚了命地往牆壁高處攀爬，因而在牆壁上留下了鮮明的指甲抓痕；而波倫頭髮的凌亂、充血的雙眼、緊咬的牙關……在在述說男人瀕死之際所遭受的掙扎痛苦。

因為自己的命令，她曾經抱有好感的男人成了眼前的冰冷屍體。雖然對方已不會再讓自己遭受嫉妒之苦，但對拒絕自己的男人復仇成功，卻沒有為她帶來光輝的勝利感。

詭異的是，從那天晚上開始，凱薩琳的房門前，每晚都會響起穿盔甲的騎士所傳來的響亮腳步聲。房裡的凱薩琳嚇得渾身顫抖，一開門卻不見任何人影，走廊上只有一灘灘的水漬而已。

每晚出現的亡靈讓凱薩琳因此而病倒，一個月之後終於發瘋而死。不可思議的是，自從那天晚上之後，騎士的亡靈便不再出現了。

現在那座地牢也開放給觀光客參觀。那裡似乎還留著包括波倫在內，曾被關在裡面溺死的犧牲者們苦悶與怨恨的記憶，冰冷的岩壁空間彷彿充滿了詭異的沉重氣息……

文藝復興時期

加重禁止同性戀的刑罰——被挖去雙眼、砍斷手腳的男色愛好者

雖然有人說「從中世紀的黑暗時代過渡到光輝的文藝復興時期」，但相較於中世紀，這時期對於同性戀的禁止反而是有增無減。

義大利的許多城市在早期，例如西恩納（Siena）在一二六二年、佛羅倫斯（Florence）在一三二五年，就已針對同性戀罰則有明文規定。被逮捕的男同性戀者，會處以去勢、挖眼、砍斷手腳等刑罰。

以腓力四世對聖殿騎士團的迫害為起點，王公貴族也紛紛被懷疑是否喜好男色。如英格蘭國王理查二世（Richard II）即被謠傳有同性戀傾向；瑞典國王馬格努斯四世

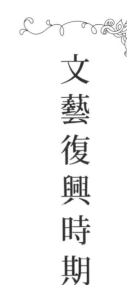

（Magnus Eriksson）也是因為與哈蘭公爵阿岡特森（Benedict Algotsson）的關係遭到揭發，被迫在一三六四年退位。

針對男同性戀行為的刑罰，最為嚴厲的就是火刑。一三五四年，一名以威尼斯的里亞托橋（Rialto Bridge）為據點，與同性進行性交易的男人，就遭到火刑的刑罰。一三八一年，在德國奧格斯堡（Augsburg）的男子修道院中，有兩名修士與一名農夫被懷疑進行同性性行為，而被公開處以火刑。

一四〇九年，同樣是在奧格斯堡，四名同性戀神職人員受的刑罰，則是被關進巨大的鳥籠裡，然後垂掛在舊街道的高塔上，活活餓死。一四二二年，波隆那的一名受害者被關在稻草屋裡，再從屋外潑油點火燒死；一四二六年也是在波隆那，受害者全身赤裸地被拉著遊街，抵達刑場後便在大庭廣眾下被人去勢。

威尼斯及佛羅倫斯會提供檢舉獎金給密告同性戀者姓名的市民。包含匿名舉報，在一四三二年至一五〇二年間，光佛羅倫斯就有二千五百名男同性戀者被逮捕。

喜愛美少年並收為學徒　李奧納多・達文西

而文藝復興時期大名鼎鼎的畫家李奧納多・達文西（Leonardo da Vinci，一四五二－一五一九年），在這波檢舉潮中也是受害者之一，被捲入「沙特瑞里案件」中。

當時佛羅倫斯的重要地段都會放置一個稱為「鼓」（tamburi，也稱為「真實之口」〔buchi della verita〕的官方信箱，供人匿名告發性事相關的消息。一四七六年，檢舉箱裡被人放置了一封寫著「十七歲少年賈可布・沙特瑞里（Jacopo Saltarelli）與四名青年有性交易」的檢舉函，而當時二十四歲的達文西赫然名列其中。

當時好男色被認為是違背神與自然的罪惡，並對此建立了一套刑罰，但真正付諸執行的案例並不多。因此文藝復興時期，同性戀在義大利國內反而是悄悄地廣泛流行起來。

十五世紀，佛羅倫斯「柏拉圖學院」（Platonic Academy）的院長馬斯里奧・菲奇諾（Marsilio Ficino），提出柏拉圖式的同性戀愛（即柏拉圖式戀愛），而許多學者們對於中意的學生也會寵愛有加。若將焦點放在藝術領域上，就像達文西的老師安德烈・德爾・委羅基奧（Andrea del Verrocchio）的工作坊那樣，當時的年輕學徒們都會住在繪畫或雕刻的工作室裡共同生活，彼此間發展出同性戀情的例子也不少。

當時若要以法律懲罰同性戀者，必須至少有兩名目擊證人，或是像「沙特瑞里案件」這個案件裡的四名當事人互相指證，只有這樣罪名才能成立。這案件中的四名年輕人雖然都被逮捕且進行調查，最終還是因為證據不足而被釋放。當時留存下來的法律文獻中，亦記錄了新柏拉圖學派的人為達文西所作的辯護詞。

但是，這個事件讓達文西的內心受到嚴重傷害，以致在日記裡寫道：「流言有如利刃般能夠殺人。」

另有一派說法，認為這起事件主要是想要陷害四人中的李奧納多・托納畢歐尼（Lionardo de Tornabuoni），而策劃的陰謀。因為托納畢歐尼與當時執掌佛羅倫斯的美第奇（Medici）家族有親戚關係，只要設圈套陷害他，就能藉此讓美第奇家族蒙羞，達文西可能只是無辜遭受波及而已。

但是，達文西喜愛少年是事實，就有人認為名畫〈蒙娜麗莎〉是以少年為模特兒所畫。達文西本身也是個體格瘦削、一雙杏眼、鼻梁挺直的端正俊美青年，根據傳記作家兼畫家喬爾喬・瓦薩里（Giorgio Vasari）的記述，任何詞彙都不足以形容他的體魄之美。

而達文西也會收喜愛的美少年為學徒。相對而言，他終身未娶，在有關他的資料中，與女性的交往稀少得幾乎令人無法置信。達文西厭惡肉體關係，也厭惡耽溺於某些事物，還認為沒有自制力的人就跟野獸沒有兩樣。

綽號沙萊（Salaì）的賈可蒙（Gian Giacomo Caprotti da Oreno，文藝復興時期義大利藝術家），是達文西第一個收的學徒，兩人也被懷疑有同性戀情。達文西於一四九〇年，從佛羅倫斯前往米蘭，為米蘭公爵盧多維科・斯福爾扎（Ludovico Sforza）效勞，就是在當時將賈可蒙收作學徒。

來自米蘭近郊貧窮人家的賈可蒙當時才十歲。還是孩童的他既任性又調皮搗蛋，經常從達文西的抽屜裡偷取零錢去買食物，因此達文西才會給他取了沙萊（小惡魔）這個綽號。當時達文西在日記中這麼寫道：

「賈可蒙來和我一起住。第二天我替他訂做了兩件上衣、一雙長襪、一件背心。要拿錢支付時，我錢包裡的錢竟然已經被他偷走了。雖然我有證據，卻無法讓他招認。（略）九月七日，他從我身邊的馬爾科身上偷了價值十二錢的尖筆。那枝是銀製的，是他從工作室裡偷出來的。馬爾科找了好久，最後是在賈可蒙的箱子裡找到。」

但是，無論沙萊做了什麼惡作劇，達文西也從不責罵他。不僅如此，還長期偏愛他，讓他做學徒兼僕人的工作。

據說沙萊有一頭微捲的頭髮、長睫毛、挺直的鼻梁、纖細的下顎，是個少見的美少年。雖然達文西稱他為「小偷、騙子、貪吃鬼」，事實上還是相當愛護他，為他買了許多的衣服與鞋子。任性又目中無人的少年所做的搗蛋行為不僅沒有惹怒達文西，達文西似乎還認為很有趣而樂在其中。

沙萊雖然跟著達文西學畫，卻沒有任何紀錄顯示他曾幫忙達文西畫畫。或許達文西只是把這名少年當成自己的兒子來疼愛，把他留在身邊愛護他而已。

無論如何，兩人還是經常結伴在義大利到處旅行。達文西晚年住在法國翁布瓦茲城堡（Amboise）時，沙萊也特地前往陪伴，並在此住上一段時間。達文西在臨終前，念及沙萊長年侍奉他，而留給他半座庭園及一棟房子等為數不少的遺產。沙萊前後總共服侍了達文西二十六年之久。

晚年，達文西接受法國國王法蘭索瓦一世（François I）的邀請前往法國，當時他帶著法蘭西斯科・梅爾茲（Francesco Melzi）這名學徒同行。他也被懷疑可能是達文西同性戀情的對象之一。

貴族出身的梅爾茲大約是在一五〇六年，十六歲左右成為達文西的徒弟。達文西除了親自教導他畫技，也讓他做助理方面的工作。達文西還曾寫過一封令人會心一笑的信給梅爾茲：「你好，法蘭西斯科。我都這麼頻繁寫信給你了，為什麼你一封信都不回呢？我會去接你的，你在那兒等著就行。還有我會繼續寫到你求饒的。」

到梅爾茲老年時才認識他的瓦薩里，就曾說過梅爾茲年輕時是個絕世美少年，有意無意地暗示他與達文西之間的同性戀情。這名十六歲少年與五十四歲男人之間的關係究竟如何，很可惜我們不得而知。

比起將他視為學徒，達文西對待梅爾茲更像是兒子，也有研究者猜測他可能已經取得梅爾茲父親的同意，收養梅爾茲當養子。

在達文西留下的筆記中，一張在一五〇八年左右所畫的素描，似乎就是以梅爾茲為模特兒。那是幅有著清秀額頭、挺直鼻梁、小巧下顎的纖細少年畫像。後來梅爾茲成為達文西的學徒、養子兼知己，直到達文西去世為止都忠心地侍奉他。據說自從身邊有梅爾茲陪伴之後，達文西也比之前要穩重安定多了。

達文西餘生的最後兩年，是在法國翁布瓦茲平靜度過，一五一九年，他在弟子們的圍繞下去世。當時他留下遺言，將自己所有的繪畫、手稿、名下的書籍、剩餘的養老金，以及所有的財產、衣物，做為「過去那段時光忠實並誠摯陪伴我的報酬」，交由以梅爾茲為首的學生們繼承。

梅爾茲將達文西的死訊告知他同父異母的弟弟朱里安諾（Giuliano）時，這麼形容：「老師死去所帶給我的悲傷，非隻字片語能形容。此生只能吃飽喝足但絕望的心情將永遠跟著我，這是理所當然的事。因為老師每天都對我打從心底表示熱烈愛意。」

接著，他轉達了達文西遺囑中所交代要將菲耶索萊（Fiesole）的土地留給同父異母弟弟後，又清楚地說道：「除此之外，遺囑中完全沒有提及跟你們有關的內容。」之後，梅爾茲雖然還是禮貌周到地補充說：「如果有我能做到的地方，請盡量告訴我。」但在遺產繼承上，他則是很明確地將達文西同父異母的弟弟們排除在外。

達文西實際上留給同父異母弟弟的遺產，只是他眾多財產中的極少部分，其大部分還是給了梅爾茲跟沙萊。

對他而言，真正的家人並非有血緣關係的弟弟，而是只有梅爾茲與沙萊兩人而已。

女性身體在他眼裡不具任何價值　米開朗基羅

提說到達文西的勁敵，大概就是米開朗基羅（Michelangelo，一四七五－一五六四年）了。與達文西纖細而優美的畫風相對照之下，米開朗基羅的人體雕刻作品特色就是精神蓬勃、肌肉飽滿賁張的結實男性雕像，知名的〈大衛像〉就是最真實的具體呈現。

女性身體在他眼裡不具任何價值，據說他所畫的女性身體最後都會變成男性的體格。

提到米開朗基羅的戀愛，最有名的故事就是一五三五年左右，他在晚年時遇見了讓他奉上真摯友情的女子維多利亞・科隆娜（Vittoria Colonna）。但實際上，米開朗基羅顯然也是個同性戀者。

他寫了三百首的十四行詩，除了部分是為維多利亞・科隆娜而寫之外，其餘幾乎都是獻給他單相思的美少年們。

不過，提到他一生中的最愛，應該就是羅馬的俊美貴族青年托馬索・卡瓦列力（Tommaso dei Cavalieri）。一五三二年米開朗基羅五十七歲時，邂逅了二十三歲的托馬索，之後直到他去世之前都深愛著對方。

米開朗基羅除了寫大量的十四行詩，還畫了充滿幻想的畫作給他，畫中描繪自己是變身為老鷹的宙斯，抓走化身為美少年甘尼米德（Ganymede）的裸體托馬索飛到天上去。

一般確信他們兩人僅止於柏拉圖式愛情，而托馬索也在認識他四年之後娶妻。但是，來自托馬索赤裸裸的愛情告白仍留存至今。也有些人主張他們之間就像彼得羅・阿雷提諾（Pietro Aretino）[3]那樣，事實上是有性關係的。

無論如何，在相識三十二年之後，米開朗基羅最後是在托馬索的身邊離世。他送給托馬索的詩在他死後的西元一六二三年公諸於世，米開朗基羅外甥的兒子還特意改成獻給女性的詩。就當時的觀念而言，內容是過於激情了些。

米開朗基羅另外也寫了十四行詩給名為法蘭西斯科・德・札諾比・布萊茲（Francesco de Zanobi Bracci，小名謝奇諾Cecchino）的學生，但這名少年在一五四四年，年僅十五歲時就去世了。米開朗基羅認識他的時候已經六十八歲，有一次寫了一封意味深長的信給少年的叔父：

「我稍微改寫了牧歌（Madrigal），交到您手上。可以的話，請替我帶給那把將我燃燒殆盡的火焰。另有一事相求，我從昨晚就非常在意了，我本以為那位我夢寐以求的孩子對我露出微笑，後來卻又作勢威嚇我。到底他的真心是如何呢？請您替我問問本人，明日我們見面時再告訴我他怎麼說。」

怎麼看都像是個對美少年意亂情迷的中年男子所寫的內容，不知道當時少年的叔父收下這封信時，心中作何感想。

成名作是獻給俊美年輕人的戀愛詩　莎士比亞

我怎麼能夠把你來比作夏天？
你不獨比它可愛也比它溫婉：
狂風把五月寵愛的嫩蕊作踐，
夏天出賃的期限又未免太短：
天上的眼睛有時照得太酷烈，
它那炳耀的金顏又常遭掩蔽；

3 文藝復興時期歐洲義大利作家，有「現代情色文學之父」之稱，是個已知的同性戀者，代表作有《淫穢短詩》與《對話錄》。

被機緣或無常的天道所摧折，
沒有芳豔不終於凋殘或銷毀；
但是你的長夏永遠不會凋落，
也不會損失你這皎潔的紅芳，
或死神誇口你在他影裡漂泊，
當你在不朽的詩裡與時同長：
只要一天有人類，或人有眼睛，
這詩將長存，並且賜給你生命。[4]

這是十六世紀英國文豪莎士比亞（W. William Shakespear，一五六四－一六一六年）所著的《十四行詩》（*Shakespeare's sonnets*）詩集中的第十八首，也是其中特別有名的一首。這是首熱烈讚美歌頌對方的詩，大概所有人都會認為這是作者為了深愛的女性所創作。但這首詩並非寫給女性，而是想著一名年輕男子而作的情詩。

學界有一派強烈主張文豪莎士比亞是個同性戀者。

提到莎士比亞，大家較為耳熟能詳的應該是《羅密歐與茱麗葉》（*Romeo and*

Juliet）、《哈姆雷特》（*Hamlet*）等劇作。不過，事實上他的創作生涯初期，是以詩人的名號為人所知。

一六〇九年，湯瑪斯・索普（Thomas Thorpe）為莎士比亞出版了他的第三部詩集《十四行詩》。而其中大部分的詩作，竟然都是在歌頌年輕男子美貌的情詩，只不過當時的發行數量不大，幾乎沒有引起注目。

一六四〇年，約翰・班森（John Benson）再版《十四行詩》時，班森將詩句中的「他」改成了「她」，變成獻給女性的詩作之後出版。所以後來的《十四行詩》，在這方面同樣沒也引起任何爭議。

然而一七八〇年時，出版了原始版本，莎士比亞是否為同性戀者的疑雲終於浮上檯面。

《十四行詩》裡的主要人物，據推測是：莎士比亞本人的「我」、莎士比亞稱作「你」的「俊美青年」，以及「我」所愛的女性，神祕的「黑女士」（Dark Lady）。

根據詩中作者的描述，俊美青年似乎擁有相當女性化的容貌。在《十四行詩》裡，

4 引自中國現代詩人、翻譯家、文學評論家梁宗岱教授譯版。以下十四行詩若沒有特別註明，皆引自梁宗岱譯版。

不時可見如第二十首「你有副女人的臉，由造化親手塑就」，或是「有顆女人的溫婉的心」，以及「開頭原是把你當女人來創造」等詞句的呈現。

然而，或許俊美青年仗著天生的俊美容貌，個性放蕩不羈，於是作者又這麼寫道：

有人說你的缺點在年少放蕩；
有人說你的魅力在年少風流；
（《十四行詩》第九十六首）

以及

寶座上的女王手上戴的戒指，就是最賤的寶石也受人尊重，
同樣，那在你身上出現的瑕疵也變成真理，當作真理被推崇。
（《十四行詩》第九十六首）

莎士比亞寫下這類的詩句，表現出「可是我所深愛的你是屬於我的，所以我也只能

懇求你不要這麼對我。」的心情

所以，說不定俊美青年仗著年輕特有的殘酷，經常讓莎士比亞飽嘗嫉妒的痛苦。這個證據，在《十四行詩》裡進一步地道出了驚人的事實。另一個莎士比亞的情人「黑女士」誘惑俊美青年，而俊美青年也回應了這份誘惑。

無論到哪裡，誘惑都把你追尋。
你那麼溫文，誰不想把你奪取？
那麼姣好，又怎麼不被人圍攻？
而當女人追求，凡女人的兒子
誰能堅苦掙扎，不向她懷裡送？
唉！但你總不必把我的位兒占，
並斥責你的美麗和青春的迷惑：
它們引你去犯那麼大的狂亂，
使你不得不撕毀了兩重誓約：
她的，因為你的美誘她去就你；

你的，因為你的美對我失信義。
（《十四行詩》第四十一首）

另外還有：

兩個愛人像精靈般把我誘惑，
一個叫安慰，另外一個叫絕望：
善的天使是個男子，丰姿綽約；
惡的幽靈是個女人，其貌不揚。
為了促使我早進地獄，那女鬼
引誘我的善精靈硬把我拋開。
（《十四行詩》第一百四十四首）

黑女士引誘俊美青年，想從莎士比亞的手中奪走他……
在這個三角關係中，怎麼看都會覺得莎士比亞與俊美青年才是真正的一對情侶，而黑女士則是個第三者。

然而，當莎士比亞可能歌頌同性戀這點遭到非難時，研究沙翁的學者們趕緊出來澄清，說這樣的詩作表現手法與文藝復興時期的時代潮流若合符節。

就像當時的價值觀認為貝多芬（Ludwig van Beethoven）或尼采（F. W. Nietzsche）不可能是梅毒患者一樣，莎士比亞也絕對不可以是同性戀者。

但在隨著如尚・考克多、王爾德、普魯斯特、湯瑪斯・曼、安德烈・紀德、華特・惠特曼（Walt Whitman）、三島由紀夫等世界知名文豪是同性戀者身分的曝光，現代也重新出現一些討論，認為即使莎士比亞是名同性戀者也無可厚非。

只是在莎士比亞所在的時代，英國將同性戀視為需處以極刑的重罪，若要出版相關作品，必須極度謹慎為之。或許正是這樣的理由，第一版的《十四行詩》發行沒有多久就銷聲匿跡，有一說是可能被禁刊了。

全都是美男子的後宮「陰陽島」 亨利三世

這個時代雖然法律明文禁止同性戀，但在王公貴族之間仍悄悄且低調地流行開來。

例如，十六世紀的凱薩琳・德・美第奇（Catherine de Médicis）王后的兒子法國國王亨利三世（Henri III），就是史上有名的「同性戀國王」。他找來許多美男子建立自己的後宮，並將這個後宮稱為「陰陽人之島」（L'Isle des hermaphrodites）[5]。

亨利的母親凱薩琳稱他為「心愛的眼睛」，特別寵愛他，很希望能有辦法讓這個疼愛的兒子「正常化」。為此，她還曾經從自己的貼身侍女中挑出容貌出眾的美女，讓她們穿著半裸薄紗，舉行宴會。如果不想辦法讓亨利愛上女性生下子嗣，瓦盧瓦王朝（House of Valois）就會滅亡。

然而，母親感人的努力，仍無法將亨利變回異性戀者。這些被稱為「寵臣」（mignon）[6]的俊美青年們，全都將長髮燙捲燙短、頭戴天鵝絨帽子，以及戴上用澱

亨利三世的寵臣之一，路易斯・德・莫吉隆（Louis de Maugiron）

粉漿過的襞襟（ruff）裝飾衣領。這種襞襟半徑大約半呎，縐褶呈圓盤狀，圍上襞襟的樣子，活像放在莎樂美（Salome）的盤子上的約翰（John）頭顱。

寵臣們主要的任務，就是隨時隨地跟在國王身邊，陪他跳舞、玩女人、找人打架惹事。國王從國庫裡拿出大量的錢財賞賜他們，所以

史上有名的「同性戀國王」亨利三世

5 法國作家湯瑪斯．阿杜斯（Thomas Artus）於一六〇五年左右出版的小說 *Les Hermaphrodites*，即是諷刺亨利三世宮廷文化的同名小說。

6 mignon，十五世紀時是指忠臣，到了十六世紀、大約從亨利三世開始含有性關係、甚至是同性性關係的意義，是指可以進入國王房間同床共枕的寵臣。現今則已演變為可愛之意。

他們也是讓財政赤字的原因之一，因此而讓人民對他們深惡痛絕。

他們除了會在臉上化妝、在頭髮灑上紫羅蘭粉末與香料，走在路上也像女人般扭腰擺臀，所以人們就稱他們為「所多瑪王子」。男人們以肉店用來裝飾小牛頭的硬紙板做成鬓襟模仿他們的打扮；女人們則在他們經過時，對他們發出羨慕又嫉妒的噓聲及說些挖苦的話。

這些寵臣全都是長相俊美的劍客，總是佩帶著長劍大步行走，擁有過多的時間和體力，任何事情都能引發流血衝突，毫不珍惜自己年輕的生命。他們的生存價值與理想，就是為國王奉獻自己年輕的生命。這個男性團體，不禁讓人聯想到納粹德軍。這些人中的大半，可能在還未滿三十歲或剛滿沒多久，就會因捲入宮廷內的派閥鬥爭而喪失掉年輕的性命……

厭惡女性並讓王后保持多年處女之身的法王　路易十三

十七世紀的法國國王路易十三（Louis XIII of France），是個厭惡女性的同性戀者。他取西班牙公主奧地利的安妮（Anne of Austria）為王后，新婚之夜，路易跟王后躺在床上兩個小時什麼都沒做，之後路易就迅速回自己寢室去了。

結婚數年夫妻兩人都不曾結合，安妮一直保持著處女之身。諷刺的是，最後竟是路易的同性戀人路伊尼斯公爵（Duke of Luynes）硬把國王拖到王后床上去，兩人才真正的同房。

路易十八歲那年，路伊尼斯公爵要求他前往王后陛下身邊，履行婚姻義務。路易聽了很是困惑，跟著就嚶嚶哭了起來。

感到焦躁的路伊尼斯公爵，於是乾脆揹起了路易十三，強行把他帶到王后的寢室去。國王大概覺悟到這一切避無可避，於是在房裡停留了二個小時，勉勉強強完成了自己的義務。但這情況並沒有維持很久。

後來，王后跟國王的弟弟意圖竄位的陰謀事件扯上關係，夫妻之間的關係降到冰點，兩人當然更不可能共度春宵。然而，在這種情況下路易十四還能夠順利降生，至今仍是個謎團。

安妮之所以可以懷上路易十四，在歷史上是一件相當有名的「暴風雨之夜」奇蹟。

一六三七年十二月某日，路易十三打算從羅浮宮前往聖莫爾德福塞（Saint-Maur-des-

Fossés）城堡，但途中卻颳起了強烈的暴風雨。

他的寢具都已經送到聖莫爾德福塞城去了，因此路易必須選擇是要在暴風雨中等到天亮，還是回到羅浮宮跟一直沒有性關係的王后擠同一張床。

最後路易決定返回羅浮宮，在王后的房裡過夜。而安妮也在那之後不久，就懷了路易十四……

可是無論怎麼想，都覺得這實在太湊巧了。有傳聞說路易十三在很小的時候生過大病，當時就已被判定以後將無法人道。此外，也傳聞安妮擁有宰相馬薩林（Jules Cardinal Mazarin）及英國貴族白金漢公爵（Duke of Buckingham）等不止一位的情夫，即使他們其中任何一個是路易十四的生父，也不足為奇。

路易十三的同性戀傾向，也在之後演變成撼動國王本身性命與地位的事件。一六三九年，當時權傾一時的樞機主教黎胥留（Cardinal Richelieu），推薦艾菲爾侯爵（d'Effiat）安東尼・考費爾・魯茲（Antoine Coiffier de Ruzé）元帥的兒子尚馬斯侯爵（Cinq-Mars）亨利・考費爾・魯茲（Henri Coiffier de Ruzé）給國王當隨身男侍。

那時尚馬斯侯爵才十九歲，雙眼炯炯有神、五官端正、身形纖細，是個鮮嫩欲滴的俊美青年。路易十三立刻對他一見傾心，沒多久尚馬斯侯爵就從王室內務大總管、法

Chapter 3

無法抑止的欲望

近代 I

「風俗改革協會」——意圖掃蕩男色愛好者

多數國家在十七世紀末至十八世紀初，修正、減輕了針對男色愛好者的刑罰。而王公貴族之間仍然流行著同性戀情，例如英格蘭王威廉三世（William III of England）、普魯士的腓特烈大帝（Frederick the Great）、法國路易十四的弟弟奧爾良公爵（Philippe I, Duke of Orléans）都是同性戀者。然而，與國王有關聯的同性戀情往往會造成國家的人事異動，甚至影響到宮廷內的勢力分布。

自十七世紀後半起，巴黎進一步地建立了警察制度，其中一項工作內容就是監視同性戀者，並巡邏男色愛好者經常聚集的場所。當時他們聚集的場所包括城鎮內的公園、廣場、公共廁所等，有些酒館裡還會準備他們專用的房間。同性戀逐漸被以妨害風化罪來處理，而被處以火刑那樣的重懲相對變少了。

不過在英格蘭，對於男色愛好者依然抱持嚴苛的態度。

英格蘭於一六九〇年成立的「風俗改革協會」（The Society for the Reformation of Manners）[1]，除了掃蕩男色愛好者，每年還會發布同性戀者黑名單。法國最後一次刑罰同性戀者是在一七八三年，而英格蘭刑罰同性戀者的情況，則一直持續到那之後半世紀的一八三五年。

1 成立的主要目的是為導正及抑制褻瀆、性放蕩等社會敗壞風氣，以重整國家整體社會秩序。

查捕妓女、賣淫是風俗改革協會主要的工作內容之一

從小被迫穿上女裝最後成了同性戀者　奧爾良公爵腓力一世

太陽王路易十四喜好美色眾所周知，但他的弟弟、被稱呼「大親王」（Monsieur）的奧爾良公爵腓力一世（一六四〇－一七〇一），則是一名喜愛穿女裝的男色愛好者。他之所以會變成這樣，有人說是當時的大臣馬薩林的策略。

馬薩林記取了前任國王弟弟陰謀造反的教訓，為了不讓「大親王」成為威脅國王路易十四地位的存在，馬薩林自腓力年幼起就打算徹底根除他的政治野心。

他主要是讓腓力穿上鑲有荷葉邊或蕾絲的女裝服飾，並讓他與同樣有異裝癖的跨性別青年聚會交往。腓力長大後，除了有異裝癖，還成了只愛同性的同性戀者。

雖然如此，腓力依舊與當時以美貌著稱的英國公主亨莉雅妲（Henrietta of England）結婚，讓情況變得更複雜。亨莉雅妲嫁過來時年芳十六，集美貌、才情於一身。

不過，腓力過沒多久就忘卻做為丈夫所該盡的義務，又開始了他的同性戀情。這次的新情人，是猶如畫中人物的美男子洛林騎士（Chevalier de Lorraine）。在巴黎皇家宮殿所舉辦的大型舞會上，腓力穿著女裝與洛林騎士大跳小步舞曲。而當騎士在法蘭德斯的戰線上受了傷，腓力立刻丟下自己帶領的部隊趕到騎士身邊，日夜全力地照顧他的傷勢。

洛林騎士鎮日流連在腓力的宅邸裡，還找了一群朋友到宅邸來開狂歡派對。而腓力與洛林騎士兩人在長廊或花園等地方，旁若無人地輕撫、摟抱的身影，早已被人看到無數次了。

一六七〇年末，蘭道爾（Randal）的主教去世，在當時腓力的領地內遺留下兩座大修道院等的豐富財產。腓力居然未經過國王哥哥的同意，就把這些財產都送給了他的情人洛林騎士。

知道此事大為震怒的路易當然表示反對，但腓力也同樣態度堅決地表示，既然這樣他就跟宮廷斷絕關係。路易十四認為事態嚴重，於是在隔年的一月三十日下令逮捕洛林騎士。腓力衝到路易十四面前大吵大鬧，甚至威脅如果不釋放他的情人，就要帶著妻子搬到維萊科特雷（Villers-Cotterêts）的行宮，永遠不再回來。

事實上這段時期，路易十四為了與英國的查理二世（Charles II）結盟，邀請身為查理二世妹妹的亨莉雅妲擔任使節居中協調。而此時，亨莉雅妲也正準備出發前往英國。

在這麼重要的時刻，腓力帶著亨莉雅妲離家出走，可是很嚴重的事，無計可施的路易十四只好妥協同意釋放洛林騎士。腓力得知消息後欣喜若狂，但洛林騎士卻對亨莉雅妲恨之入骨，他深信自己會被逮捕都是她的計謀。

一六七〇年四月二十八日，路易十四率領三千大軍出發，演出一場查理二世與妹妹亨莉雅妲在英法海峽沿岸偶遇的戲碼。同年六月一日，兩人簽署了多佛祕密條約（secret treaty of Dover），協議法國與英國聯手攻打荷蘭並瓜分之。

完成任務的亨莉雅妲開心地回到法國，但在同月三十日，卻發生了意想不到的事。正當她喝下侍從送來的水時，忽然出現劇烈腹痛，接著就倒地不起。

醫生要餵痛苦難耐的亨莉雅妲喝藥時，她卻推開醫生的手，痛苦地大喊：「我被下毒了。有人想要毒殺我！」

醫生見狀驚慌失措地請人趕緊去通知國王夫婦與她的丈夫腓力。但弔詭的是，當腓力趕來，看見妻子的慘狀時似乎不太驚訝。

就這樣，六月三十日凌晨兩點亨莉雅妲嚥下了最後一口氣，得年二十五歲。在當時而言，也可說是年紀輕輕就去世了。

關於這件不尋常的死亡事件，腓力的第二任妻子帕拉婷公主伊莉莎白・夏洛特（Princess Palatine Elisabeth Charlotte）曾留下耐人尋味的記載。有可能是她在結婚之後，從丈夫那裡聽到的真相。根據記載，亨莉雅妲的死亡是起謀殺案，而主嫌就是那個洛林騎士。當時釋放洛林騎士的條件之一，就是他不能再與腓力見面，因此他被釋放後就直接驅逐到義大利去。他在那裡透過某個占星術師取得毒藥，再將毒藥輾轉送到巴黎，交給他的酒肉朋友艾菲爾侯爵。實際下毒手的犯人就是艾菲爾侯爵，他事先把毒藥塗在亨莉雅妲專用的水壺裡。

當天早上，艾菲爾侯爵趁著大親王夫婦出席彌撒時，偷偷走到餐具架旁，拿起水壺擦拭了一下。而艾菲爾侯爵的一舉一動，也都被亨莉雅妲的一名貼身侍女看到了。於是路易十四下令，將亨莉雅妲行館內的所有廚師都傳來嚴格審問。最後，一名知情的廚師坦承是艾菲爾侯爵毒殺了亨莉雅妲。

然而，這件事的真相若被英國方面知道，好不容易簽署的多佛祕密條約很可能因此解約。因此，路易雖然允許驗屍，但私下嚴令負責的醫生不可以提及有關毒物的一切。最後，亨莉雅妲以因感染霍亂病死做結。真相被深藏在黑暗中，而這件罪行最後不了了之。幾年後，洛林騎士獲得路易十四的准許，再度回到巴黎，回到腓力的身邊。

亨莉雅妲不過是嫁給了一名同性戀男子，卻因此悲劇性地結束了一生。

親眼看著情人被砍頭　腓特烈大帝

致力於讓普魯士成為歐洲最強大王國的啟蒙君主腓特烈二世（Frederick the Great，一七一二－一七八六年，又稱腓特烈大帝），據說也是一名同性戀者。

他的父親腓特烈・威廉一世（Frederick William I），綽號「士兵國王」（Soldier King），不僅以粗暴的軍人作風對待臣民，性格也相當粗俗，甚至命令負責教育皇太子的人：「絕對不准讓我兒子親近歌劇那一類無聊的享樂。」

相對之下，腓特烈二世具備了藝術家的氣質，喜愛演奏長笛並作詩。對此感到不悅的父王則每每因為這樣就杖責他、不給他飯吃等等，對他施以苛刻的教育方式。

愈來愈憎惡父王的腓特烈二世終於在十八歲那年，計畫跟朋友結伴逃亡。他打算在隨同父王前往西德旅行的時候，趁機逃往法國，再遠渡到母親的娘家倫敦。

當時與他一同行動的人，據說就是與他有同性戀情的侍從與朋友漢斯・赫曼・馮・卡特（Hans Hermann von Katte）。對方比腓特烈二世稍微年長一些，腓特烈二世視他有如兄長般地傾慕。

但事跡敗露，兩人遭到逮捕。怒火中燒的父親下命令，把腓特烈關在地牢裡半年。

而且這個野蠻的父親為了警告他，還在他面前處決他的愛人卡特。腓特烈的臉被強按在窗戶上，眼睜睜看著卡特人頭落地，他也因刺激過大而昏厥。

一七四〇年，父親去世後由他即位為普魯士國王腓特烈二世，之後他便以卓越的軍事才能及合理的國家經營方式，努力讓普魯士變得強大。另一方面則與法國的哲學家伏爾泰（Voltaire）進行交流，自己撰寫多本書籍，甚至獲得哲學國王的美名。

一七五〇年，伏爾泰受腓特烈的召見來到宮廷。與腓特烈二世近距離相處了三年的伏爾泰，記述了關於腓特烈的一些奇特習性。

每天早上，夏天五點、冬天六點起床後，國王會召集他喜愛的男侍從與青年士官共飲咖啡。喝完咖啡後，會將手帕丟向其中一位，讓那名年輕人留下來。等其他人全部退下之後，就是國王跟年輕人的獨處時光了。

儘管很好奇兩人在獨處時都做些什麼事，不過根據伏爾泰的說法，似乎「因為以前的戀愛遭遇過慘痛經驗，仍未從中徹底恢復，於是無法跨越最後一道防線」。而這所謂以前的戀愛，當然就是與被處決的卡特那段情了。

說起來，伏爾泰會來到普魯士王宮，也是因為被仰慕他的國王其誠意所打動。他說：「即使是戀人，也不曾對我表達過如此坦白且充滿心意的感情。」

此外，國王從以前開始就有個習性，會經常對年輕寵臣們表現出異常的關愛。有一次國王也對伏爾泰如此，他彬彬有禮地執起伏爾泰的手輕吻它們。伏爾泰寫道：「他忘了我不是他們那樣的年輕人，也忘了我並沒有一雙美麗的手。」

伏爾泰也是腓力烈二世的座上賓，左邊數來第三個就是伏爾泰

原本腓特烈二世就非常排斥女性，二十一歲在父親的命令下，娶了德意志的一位侯國公主克莉斯汀娜（Elisabeth Christine of Brunswick-Wolfenbüttel-Bevern），儘管對方貌美

又氣質良好，兩人婚後即長期分居，沒有過過所謂的婚姻生活，包括性生活。而在七年戰爭結束後，腓特烈二世看到幾年不見的妻子，也只說了一句：「夫人，您似乎變胖了呢。」

腓特烈二世在波茨坦建造了一座名為無憂宮（Schloss Sanssouci，另譯忘憂宮）的洛可可式夏日行宮，內部陳設裝潢以法式風格為主，在宮裡只能說法語，也只有少數「同性」賓客能受邀入住。在這樣典雅的氣氛下，與自己喜愛的男性友人一起度過優閒時光，對腓特烈而言似乎是最能做回自己的珍貴時間。

受腓特烈眷顧的人中，也包括了法蘭契斯科・阿爾加羅蒂（Francesco Algarotti）這位義大利博學家。據說，阿爾加羅蒂是個任何人一見都會為之傾心的俊美青年，連伏爾泰都說他是威尼斯的蘇格拉底，還讚美他是「帕多瓦的天鵝」（Swan of Padua）。

另外，腓特烈二世有時會枕在喜愛的侍從的腿上假寐，而看到受傷的士兵也會遞出自己的手帕給傷兵使用，諸此種種，似乎總是不分階級地對某些男性表達他誠摯的關心。

相較之下，他不僅不喜歡女性，對女性也是非常嚴厲。例如，當時有俄羅斯帝國女皇伊莉莎白（Elizabeth Petrovna）、奧地利女大公瑪麗亞・特蕾莎（Maria Theresia）、法國國王著名情婦龐巴度夫人（Madame de Pompadour）等，腓特烈二世對於這三個強國實際上由這三名女性統治、操縱非常不滿，為此還以這些女性的名字替自己所養的狗命名。

他與寵臣們沒有越過最後一道防線的這種說法姑且不論真假，僅從這種已經可說是異常地厭惡女性，或是相較之下對同性異常的殷勤態度，或許真的讓人很難不去懷疑他是個同性戀者。

為了爭奪哈布斯堡家族（Habsburg）領地西利西亞（Schlesien），而跟奧地利的瑪麗亞・特蕾莎打仗時，奧地利在此戰役中與過去交情並不太好的俄羅斯結盟，據說也是因為這些女性統治者同樣從以前就看腓特烈很不順眼才會聯手同盟。

為爭奪殖民地和霸權的七年戰爭由此展開，初期戰況對奧地利、俄羅斯等反普魯士陣營相當有利，曾一度把腓特烈二世困在柏林，逼得他差點自殺。

但在一七六一年，俄羅斯帝國女皇伊莉莎白駕崩，對普魯士態度友善的彼得三世（Peter III of Russia）即位，在千鈞一髮之際俄羅斯總算與普魯士談和。

終於從這三位女中豪傑的「襯裙戰爭」（腓特烈蔑稱她們為三條襯裙）中逃過一劫的腓特烈，此時才四十九歲，但外表已經蒼老得猶如八十歲。看來，這時候的他，確實是親身體驗到女人有多麼可怕了。

近代Ⅱ

持續存在的「男色處罰法律」與罰則

十八世紀末的歐洲，逐漸廢除了針對男性性行為處刑的法律。最早廢除的，包括了本身是同性戀者的腓特烈大帝統治的普魯士、約瑟夫二世（Josef II）統治的奧地利、凱薩琳大帝（Catherine the Great）統治的俄羅斯等。

隨著個人自由日益受到重視，對於宗教定罪的反感也愈來愈大，因為過去同性戀一直被與異端、魔法、咒術等相提並論。

同樣的，法國在十八世紀遭到處刑的男色愛好者案例只有六件，而且都是伴隨著暴力或殺人事件的情況。一般情況下被逮捕，最多就是拘留幾週的時間。

即使是對男性性行為處罰特別嚴厲的英國倫敦，在十八世紀被查獲的男性性行為多半被處以罰金或監禁（一個月至兩年），或者是送上展示臺公諸於世。

不過，送上展示臺說得簡單，實際上卻很殘酷，被五花大綁的受害者，除了會被臺下圍觀群眾咒罵羞辱，同時還有民眾朝他用力丟擲磚塊、腐爛蔬菜、雞蛋、死貓死狗等。有時候會因此受傷，甚至死亡。

法國則是在一八〇四年《拿破崙法典》（Code civil des Français）頒布後，男性性行為就不再是種犯罪行為。隨著拿破崙時代的法國領土擴張，法國刑法及其精神也傳遍了歐洲各地。

不過，英國男性性行為的嚴苛處境仍維持不變。例如，威爾斯（Wales）在一八〇五年到一八三五年之間，就有五十五人被送上絞刑臺。到了一八六一年，死刑終於得以減成無期徒刑，但是針對男色懲罰的法律還是一直保留到一九六七年。

在法國等地雖然喜好男色已經除罪，但警察的監視並沒有因此鬆懈下來，仍會在公共場所以擾亂公共秩序罪取締男同性戀者，或是禁止他們所開的酒吧營運。

即使同性戀不再因為法律關係而遭受取締，但只要同性戀者的身分曝光，就會失去家人朋友，升遷之路也會受阻，甚至在社會上被孤立。

像是英國作家威廉・湯瑪斯・貝克福（William Thomas Beckford），因為被發現與少年之間的情事，而被迫離開英格蘭；英國外務大臣卡蘇里子爵（Viscount Castlereagh）在一八二二年，由於擔心會因男性性行為遭彈劾，而以拆信刀割喉自殺身亡。

因與少年鎖在同個房間裡，而惹出醜聞遭驅逐　貝克福

威廉・湯瑪斯・貝克福，是十八世紀歌德式小說（Gothic fiction）[2]代表作之一《瓦泰克》（*Vathek*）的作者，詩人拜倫（Byron）曾經讚賞他是「英國最富裕的貴公子」。事實上，他不僅是個同性戀者，同時還是一個不願面對現實只想逃避到夢境中，無人能出其右的自戀狂。

他的父親曾經當過倫敦市長，是輝格黨（Whig Party）中的實力派，其父親在牙買加島種植甘蔗而累積了巨大財富。母親則是來自漢彌頓公爵家，跟蘇格蘭王室也有姻親關係。

2　十八世紀開始的英語文學流派，元素包括恐怖、神祕、超自然、死亡、頹壞的城堡、家族詛咒、吸血鬼、狼人等，主題偏離當時倫理教化主流的小說。

擁有如此高貴家世的貝克福，他的出生日期與出生地卻是不明。最近有研究顯示他的生日似乎是一七六〇年九月二十九日，而他的出生地有人說在倫敦，也有人說他出生於父親的領地，威爾夏州（Wiltshire）的方特希爾（Fonthill）。

貝克福從幼兒時期就跟著那年代最頂尖的家庭教師，學習包括希臘、拉丁典籍等各種學問，因此他無論在學問或藝術的領域上，都表現出天才般的早熟。據說，他當時的音樂老師是才九歲的莫札特，換句話說，就是九歲的天才少年來教導五歲的貝克福彈鋼琴。

貝克福十六歲時前往瑞士的日內瓦留學，在這時期認識了伏爾泰及盧梭等人文主義文學。也在此寫下了他的處女作《漫長的故事》（*The Long Story*），主題是傳授能解開世界謎團的魔法奧義。

一七七九年夏天他回到英國，造訪親戚考特尼（Courtenay）家族的帕德漢姆堡（Powderham Castle），在那裡認識了當時十一歲的男孩威廉・考特尼（William Courtenay）。十九歲的貝克福立刻就愛上了俊秀的威廉。

而他與這名男孩的情事，也將他從光輝燦爛的榮耀墜入悽慘的境況。這樁醜聞在當時保守嚴肅的英國社會中，引起相當大的轟動。

不善交際的貝克福，當時僅有極少數的朋友：畫家克桑斯（Cozens）、文人山謬・航利（Samuel Henley）、男孩威廉，以及威廉的姊姊露意莎（Louisa）。

露意莎單方面地熱愛著貝克福，全心全意地為他的欲望而奉獻。露意莎跟貝克福往來的信件中，記載了一七八一年的平安夜，貝克福、威廉、露意莎及山謬，在方特希爾的大宅中所舉行的黑彌撒（Black Mass）[3]的儀式。

「為了在您的祭壇上獻祭，我孕育了一個小小活祭品。這孩子日漸出落得美麗動人，我想終究能夠配得上您的計畫吧。」

根據這封一七八二年二月露意莎所寫的信，貝克福似乎是要她把生下來的孩子當作黑彌撒的活祭品。露意莎稱貝克福為「親愛的撒旦」，可以想見她已經完全成為貝克福的俘虜了。

貝克福在他二十二歲的時候完成《瓦泰克》這部奇書。晚年他在回憶錄中寫道：

3　魔鬼撒旦的信徒在彌撒後獻祭動物以鼓勵魔鬼的活動，更極端的會割斷兒童的喉嚨將之做為祭品。

「我用三天三夜一口氣就把它寫好了。」不過，很可能是有點誇大的自吹自擂。

書中的主角瓦泰克是一名擁有巨大權勢的阿拉伯酋長，熱中於追求享樂，最後終於遭天譴而墜入可怕的地獄中。裡面多少影射了貝克福自己悖德的生活、對神祕學的興趣，以及對權勢的渴望。

一七八三年，貝克福與蘇格蘭阿博因伯爵（Earl of Aboyne）的女兒瑪格莉特・戈登（Margaret Gordon）結婚。這是擔心他同性戀傾向的家人畏於世人眼光，而替他安排的婚姻。但是，貝克福結婚之後，仍然與少年威廉・考特尼維持著伴侶關係。

一七八四年，貝克福在威爾斯獲選為下議院的議員，也獲得了男爵的地位，這一切都是他靠著父親生前的光環所為他帶來的榮耀。但是，卻發生了意料之外的事。某天，貝克福在考特尼家的帕德漢姆堡留宿，他與威廉一同進入房間並上鎖的舉動，不意被威廉的家庭教師撞見。

這件事很不幸地又被考特尼家親戚羅浮堡（Loughborough）男爵亞歷山大・韋德伯恩（Alexander Wedderburn）獲知，對方是貝克福的政敵托利黨（Tories）陣營裡的主要成員。男爵聽說貝克福是因為父親的庇蔭才能執輝格黨牛耳，因而將他視為對手，為了毀滅他，便將貝克福寫給男孩的信刊登在報紙上，揭露他的醜聞。

然而，厄運還沒結束，一七八六年他的妻子瑪格莉特生下孩子後，結果因感染產褥熱而死。報紙以更聳動的內容報導瑪格莉特是被丈夫所殺死的。

至此，貝克福的人生跌落谷底。後來他離開英國，選擇自我放逐，浪跡葡萄牙、法國、義大利等歐洲各國。

不過，他仍然擁有龐大的財富，在巴黎的生活依舊過得像王公貴族般奢華，還成為知名的名畫收藏家。但是，即使表面光鮮亮麗，無法滿足權力欲望的他內心充滿了孤獨

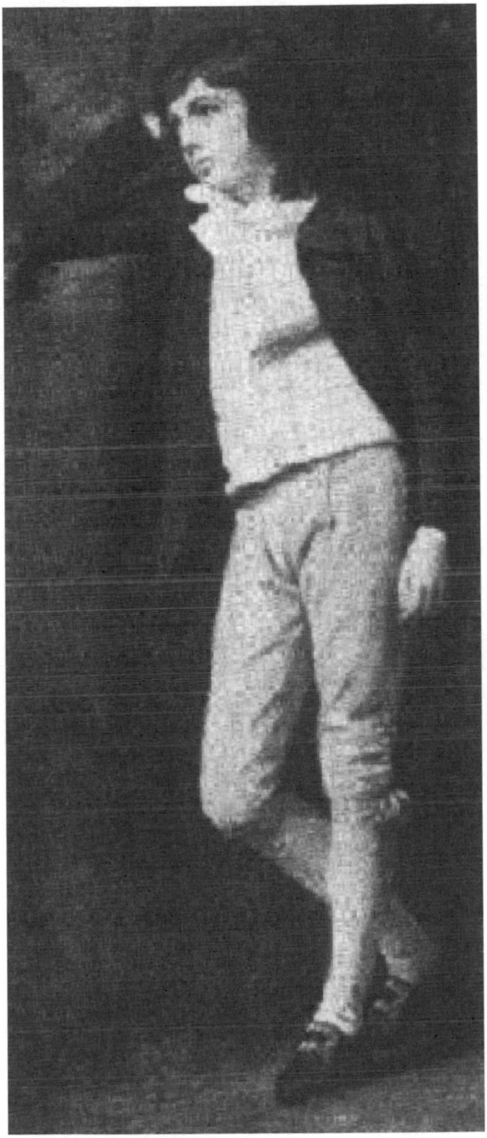

威廉・貝克福的小情人，少年威廉・考特尼

與絕望。

一七九六年，過了將近十年的放逐人生之後，貝克福決定回到他從父親那裡繼承而來的領地方特希爾定居。被逐出英國社交界的他，乾脆在這裡建立自己的王國，另一方面也想證明給那些社交名流看。

他打算建造配得上王侯身分的宅邸，因此選擇了擅長哥德式建築的名建築師——皇家學術院（British Academy）的院長懷特（James Wyatt）。接下來的十年，貝克福傾盡全力地打造這座夢幻宮殿。

而為了不讓人進入，他在領地周圍築起高達十二呎的圍牆，與他唯一的朋友法蘭基（Franchi）、醫生約瑟芬・艾爾哈特（Josephus Erhard）、紋章研究學家丹尼斯・馬坎（Denis Macan），以及一名少年，一起隱居在這座一八〇七年完成的「方特希爾修道院」（Fonthill Abbey）。

這座建築物有著高聳的十字架，以及中央高達七十公尺的八角堂（Octagon，八角形的塔），足以媲美古代的巴別塔而成為人們的話題。南北延伸的走廊，大部分陳列了他的藏書、名畫、雕刻等大量收藏。

北側的外圍是介紹貝克福母親那邊祖先的「愛德華國王走廊」，東側外圍二樓是

「紋章室」，而南側一整面則蓋了圓形天井式的「聖米迦勒走廊」。

位於西南側庭園後方，則有龐貝式的「餐宴廳」，貝克福幾乎每天都獨自在那裡用餐。而他的寢室則位於走廊東南方陰森森的塔上房間。

當時的貝克福已經將近五十歲了。他唯一的朋友法蘭基騎士，曾經是葡萄牙某個教會合唱團的少年，遇見旅行中的貝克福之後便跟隨著他。另外，身受貝克福寵愛暱稱為「小丑」的少年，也是貝克福在不知道第幾次去瑞士旅行時所收留的夥伴。

附近的村民都謠傳著貝克福在方特希爾修道院裡進行魔法

方特希爾修道院的大廳

實驗，以及他為了讓這座「失樂園」更混亂，還養了惡犬驅趕外來者。

貝克福不喜歡訪客來訪。有一天，希望把女兒嫁給他的戈登公爵（Duke of Gordon）夫人造訪，雖然讓夫人進了宅邸內，但貝克福卻完全不出現在客人面前。詩人拜倫也曾寫信表達想要與他見面，同樣遲遲得不到善意的回應。

不過，後來因為英法戰爭開打及奴隸制度廢除，以致貝克福在西印度群島的財產大幅度貶值，收入也急遽減少。最後，在一八二二年，不得已將方特希爾修道院連同裡面的珍貴收藏賣給了大富豪。

後來貝克福帶著法蘭基移居巴斯（City of Bath），在藍斯唐（Lansdown）的小山丘上蓋了一座擁有四十公尺高塔的樸素隱居宅邸藍斯唐塔（Lansdown Tower），餘生的二十二年就在此靜靜地度過。一八四四年春天，貝克福身患重病，他的女兒漢米爾頓公爵（10th Duke of Hamilton）夫人蘇珊（Susan）趕來看他，他卻不讓女兒進入自己的房間。接下來的幾天，貝克福都在生死交關之間徘徊，最後還是在五月二日獨自地去世了，享年八十四歲。

極度厭惡醜陋容貌的「童貞國王」 路德維希二世①

十九世紀的巴伐利亞國王路德維希二世（Ludwig Otto Friedrich Wilhelm，一八四五－一八八六年），偏愛樂聖華格納（Wilhelm Richard Wagner）的音樂，又熱中於修築新天鵝堡（New Swanstone Castle）之類的城堡，造成國庫空虛被逼宮退位，最後在施塔恩貝格湖（Starnberger See）自殺，悲劇性地結束人生。

在有著無數王公貴族的十九世紀歐洲，路德維希出眾的外貌也是相當知名的。在他十九歲即位為巴伐利亞國王時，耀眼的外貌即被稱讚有如神祇降臨人世。清澈的雙眼有著憂鬱的藍，挺直的鼻梁如女子般纖細姣好，只要他的馬車經過，女孩們無一不被馬車上的他深深迷住。

被稱為「童貞國王」的路德維希二世，正如他的綽號一般，在四十年的人生裡都保持單身。他所愛的人都是同性，其中演員、貴族、御馬官等年輕俊美的男人，幾乎都曾是他的戀人。

不只自己長得俊美，路德維希對他人的容貌也極度敏感。他小時候只要在宮裡看到相貌不佳的僕人，就會哭著轉頭不看對方。

長大之後，他也以容貌醜陋為理由，打算撤換聖喬治騎士團祭祀時負責傳令的貴族。雖然在其他貴族的極力反對下，那名傳令使者勉強保住了位置，但據說路德維希卻下令不許他再出現在國王面前。

而說到路德維希二世年輕時的戀愛對象，最先讓人想到的就是托恩和塔克西斯王室的保羅王子（Prince Paul of Thurn and Taxis）。他的家世顯赫，擁有自十七世紀以來代代相傳的帝國公爵爵位。以副官輔佐的職位隨侍在路德維希身邊，因此兩人快速地建立起好交情。

托恩和塔克西斯家族是巴伐利亞王國皇家親戚，而且保羅不僅擁有出色的俊美相貌，還是個相當爽朗率直的好青年。

當時路德維希十八歲，保羅二十歲。一八六三年初冬，兩人在貝希特斯加登（Berchtesgaden）一起生活了三個禮拜。兩人住在被層層山巒圍繞下的國王湖（Königssee）畔旁的大宅院裡，沒有麻煩的繁文縟節，也不受任何人打擾地交心。

自此之後，兩人成為一對戀人。兩人之間往返的書信，大多數（尤其是路德維希寫給保羅的）幾乎都被托恩和塔克西斯家族的子孫燒毀了。這麼做反而更說明了這兩人之間有著曖昧關係。

路德維希是比較積極的一方，相較之下，保羅就節制保守多了。對於身為軍人、有著榮譽地位的年輕保羅而言，是不容許發生醜聞的。畢竟，再微小的任何狀況都有可能讓他的光明未來變得岌岌可危甚至失去。

保羅在一八六三年十一月寫給路德維希的信中寫道：

「收到您的來信，我既高興又不安。（略）請您不要忘了，我現在的職務等所有一切，輕易就會因為我們兩人而崩毀。（略）年輕且軍隊歷練尚淺的我能夠被委任這個職位，對我而言已是非常優厚的待遇了。即使會比我們所想的還要花更多時間，（略）我也不會失去希望。」

儘管有幸獲得路德維希的關愛，但若這份熱情超乎常軌就會引起蜚長流短，一定會傷害到自己的未來。因此保羅深感不安，拚命地勸阻路德維希，壓抑他的急性子。

之後保羅擔心的事果然成真，兩人近乎異常的親密終於引起周遭人的注目，不好的流言迅速傳開。

「說我生活糟糕的流言，您是從哪裡聽來的呢？我好不容易能夠獲得您的信賴，卻淨是出現一堆想扯我後腿的人。（略）請您不要把那些只會阿諛奉承您的人所說的話當一回事。（略）這樁關於我的流言，若您真的相信的話，那也無可奈何，請您就別再見我了。只是既然我都已經如此坦承相告，就希望您至少能了解我是無愧於心的。」

這件事後來的發展不得而知，不過看起來最後保羅似乎因為太害怕醜聞而退出了這段關係。姑且不論他是否真的是同性戀者，但比起被國王熱情追求而委身於他，保羅應該更重視自己光明的前程。

跟不上國王體力的情人　路德維希二世②

下一個讓路德維希投注熱情的對象，是匈牙利的演員約瑟夫・坎茲（Josef Kainz）。

坎茲於一八八〇年出道，很快地在隔年春天就被選上加入國王御前獻演雨果作品

《瑪麗翁・德羅爾姆》（Marion Delorme）的演員之一，他飾演劇中的迪迪埃（Didier）一角。路德維希對他一見傾心，據說送給他藍寶石、鑽石戒指，以及鑲了鑽石的鐘錶等禮物。

大約一個多月過去，路德維希忽然派人前去拜訪坎茲，告訴他國王邀請他到宮裡共度三天。於是，坎茲立刻整裝出發前往林德霍夫宮（Schloss Linderhof），大約凌晨兩點抵達城堡。這個時刻一般人都已經就寢，但對城堡主人路德維希而言，卻是他能真正屬於自己的寶貴自由時間。坎茲被帶到宮殿後方花園裡的人造維納斯洞窟（Grotto of Venus），穿過敞開的大岩洞，走進火光灼灼的廊道裡。

位於洞窟深處被照耀得呈現一片湛藍的湖水旁，有樂手在岩石後演奏，塗上金銀色彩的小舟滑過水面。而路德維希二世本人則正在餵食兩隻天鵝。恍如置身夢中的坎茲問安之後，路德維希一步步走近他，邀他走到位於稍微高處的釉漆桌子旁。

結果原本計畫的三天陪伴延長成兩週，而且從翌日開始，林德霍夫宮彷彿成了劇院舞臺。還來不及休息的坎茲在路德維希的命令下，接二連三地朗讀浪漫派劇作家所編寫的臺詞。想稍微休息一下時，就會聽到「繼續念」的指令。不僅如此，路德維希還會配合著念出自己熟記的對手戲臺詞。

這兩週時間對於一介演員坎茲而言，猶如在夢境中，但仔細想想卻又像置身於地獄裡。而這段時間裡，路德維希對他的稱呼也耐人尋味地從「你」轉變成「妳」。

總算重獲自由的坎茲回到慕尼黑之後，連續睡了兩天兩夜。當坎茲終於從熟睡中醒過來時，一睜開眼就看見滿屋子國王送來的禮物。有雕刻了歌劇《帕西法爾》（Parsifal）劇情的象牙菸盒，以及好幾個畫有英雄威廉・泰爾（Wilhelm Tell）肖像的鐘錶。

意猶未盡的路德維希，又計畫了要帶坎茲去瑞士旅行，因為那裡是德國大文豪弗里德里希・席勒（Friedrich Schiller）[4]，所創作的《威廉・泰爾》裡英雄主角的歷史舞臺。

於是，在一八八一年六月二十七日，路德維希化名為薩瓦尼（Saverny）侯爵，坎茲化名為迪迪埃，兩人出發前往瑞士。這兩個化名都是出自戲劇《瑪麗翁・德羅爾姆》裡的登場人物，這裡不再贅述。

旅途中，路德維希非常熱心地突然想到，讓坎茲「實際體驗」在《威廉・泰爾》第二幕中，農夫梅克塔（Melchtal）所敘述的苦難山中旅行。那必須先越過滋蘭

（Suhren）山口，在英格堡（Engelberg）的山中小屋過一夜後，隔天從科霍山口前往梅克塔村，共計兩天時間的旅行。

第一次爬山的坎茲，帶了四名強壯的隨從，讓他們攜帶香檳、開瓶器等大量物品，出發前往滋蘭山。這趟山路讓坎茲走壞了鞋、雙腿肌肉痠痛僵硬甚至還抽筋，總算抵達英格堡的山莊時，已經過了午夜十二點。

另一方面，路德維希在英格堡村等待著他們一行人，期待坎茲抵達之後能為他朗讀《威廉・泰爾》。但是，卻一直遲遲等不到人，這讓他感到不悅。正當他打算回到琉森湖（Lake Lucerne）畔的住宿地時，精疲力竭的坎茲終於搭乘馬車抵達。

終於等到坎茲的路德維希，立刻要他到呂特里（Rutli）草原上朗讀。然而，一搭上前往草原的船，坎茲立刻睡著。等他驚醒過來時，路德維希正從上方看著他，只說了一句「你的鼾聲真是驚人呢」。

抵達草原之後看著月光下白雪皚皚的遠山，路德維希彷彿置身夢幻中，便命令他開始朗讀梅克塔的場面。可是已經累到極點的坎茲卻默不作聲。不明就理的路德維希再

4 十八世紀德國詩人、哲學家、歷史學家和劇作家，也是德國啟蒙文學的代表人物之一。在德國文學史上的地位，被公認為僅次於歌德的偉大作家。

重複要求一次，甚至還粗聲下令。但是，坎茲卻往草原趴下去，就這麼直接呼呼大睡了。

相當失望的路德維希於是立刻踏上歸途返回慕尼黑，之後睡醒的坎茲急急忙忙追趕國王一行人，終於在琉森（Lucerne）追上他們。面對一心道歉的坎茲，路德維希只說：「算了，都過去了。」接著提議兩人拍張合照。

國王路德維希二世與約瑟夫 · 坎茲合影

當時的照片還留存到現在。坎茲認識國王之前的照片，看上去確實是個動人的美男子，但跟國王合照照片中的他，看起來卻顯得憔悴且神色疲憊。要服務隨興的國王，他的體力實在是遠遠不夠。

在那之後，路德維希連坎茲的名字都不想聽到。後來坎茲又獲選為雨果劇作御前獻演的主角，但國王在節目表上一看見他的名字，就立刻離席了。

不過，大概是覺得有些過意不去，路德維希兩天後送了坎茲一幅琉森湖的風景畫。

坎茲婉拒了幾次後還是收下，並寫了一封回信給國王，說那張畫「令我想起當我知道再也無法與我自小就敬愛的人重修舊好的那個夜晚」。據說路德維希讀了這封信之後，一夜哭泣到天明。

「肉體性愛會遭到詛咒，嚴厲地宣告絕罰吧」 路德維希二世③

可是提到路德維希最重要的戀愛對象，終究還是他的御馬官理查・賀寧（Richard Hornig）。路德維希認識賀寧時，正與十七歲的蘇菲・夏洛特（Sophie Charlotte，路德維希的姑婆巴伐利亞女公爵露德薇卡〔Princess Ludovika of Bavaria〕的女兒，著名的奧匈帝國伊麗莎白皇后〔Empress Elisabeth of Austria〕的妹妹）有婚約。

難道路德維希終於打算從同性戀轉變成異性戀了嗎？雖然這麼以為，但事實並非如此，只要身為國王就必然會有娶妻的壓力。而且他的同性戀人保羅王子已經決定要結婚了，既然如此，為了撫慰自己的孤獨，是否要跟一般人一樣地結婚呢……這樣的想法當然也是有的。

蘇菲不僅熱愛華格納的音樂，也真心為華格納被驅逐出境而感到心痛，再說她還是路德維希偷偷仰慕的伊麗莎白的妹妹，這一切不正是讓他履行婚約的理由嗎？

但是，就在他遲遲無法下定決心履行與蘇菲的婚約時，與賀寧有了命中注定的邂逅。

一八六七年五月六日，平常的隨從換人，賀寧在這一天首次陪伴路德維希遠騎。當時的霍寧二十五歲，是個有著澄澈藍色眼眸、端正的五官、柔順棕髮的俊美青年。完全就是路德維希喜歡的類型。

於是，他立刻決定取消前往拜訪蘇菲的行程。而且很快地在該月月底，路德維希就與賀寧相伴前往瓦特堡（Wartburg）旅行，這是為了視察做為《唐懷瑟》（Tannhuser）[5]第二幕舞臺背景的圖林根（Thuringia）的宮殿。

造訪蘇菲一事立即被他拋諸腦後，跟她的婚約破局只不過是時間早晚罷了。路德維希二世下了這個決定之後，寫信給他從前的乳母萊翁－羅特（Leon-Rot）男爵夫人，內容寫道：「**我現在砍斷身上重重枷鎖後所感到的幸福，就好像克服了重病威脅後，終於呼吸到新鮮空氣般那樣的清新脫俗。**」看來，他果然是個天生的同性戀者。

賀寧出生於德國北部的梅克倫堡（Mecklenburg），跟著擔任巴伐利亞宮中王室御馬主官的父親移居到慕尼黑。賀寧本身則被任命管理有五百匹馬的王室馬廄。

於是，賀寧便以國王近侍的身分在國王身邊就近陪伴。路德維希二世要遠騎時，他便會事先準備好雪橇或馬車、規劃中繼站，以及住宿地點等，毫無遺漏地打點一切。有著流浪性格的路德維希二世，經常臨時起意宣布要出發去旅行，病態地在某地與某地之間忙碌地來回奔走。可是無論他有多麼隨性或脫離常軌，賀寧總是能不慌不忙地迅速傳達命令，並安排好一切，工作能力堪稱俐落完美。

無論是下雨天或下雪天，賀寧總是能備好國王的披風、打點用餐或飲料的調度、不戴手套或防寒用品地拉著馬的轡繩，以及隨時裝備好國王的馬車或雪橇。

等到他終於獲准搭乘隨行的馬車，已是七、八年之後的事了。

路德維希二世後期愈來愈討厭他人，臣下們逐漸只能透過賀寧居中與國王聯繫。最後賀寧已不僅僅是御馬官了，他還得負責做些有如國王私人祕書般的工作。

有些資料顯示路德維希二世的私生活，很耐人尋味。那是路德維希二世自己的日記。這也可以說是他赤裸裸呈現的內在搏鬥，至於搏鬥的對象，就是自己的性慾，還有同性戀傾向。從下列的文章可窺知一二：

5 華格納創作的一部歌劇。路德維希二世十五、六歲時，在慕尼黑的宮廷劇院觀賞華格納的歌劇《唐懷瑟》、《羅恩格林》後，即成為華格納的頭號粉絲。

「我用盡了所有可能的手段，借用神與王的幫助來打破這種習慣。」七〇年一月

「不要再度對下面動手了，只要再犯，就要做好被嚴懲的覺悟。」七二年二月

或是：

「我們初次見面的那天，為了不再分離、至死都不分開而邂逅的那天，距離一八六七年五月六日的第五次紀念日，剛好還有兩個月。就在印度風情的小屋中。」七二年三月六日

除此之外，還有「禁止再靠近他一步」以及「肉體性愛會遭到詛咒，嚴厲地宣告絕罰吧」、「以我們的友情發誓。無論有什麼樣的苦衷，到六月三日之前我們什麼都不做」、「一八七二年十月十四日至十五日夜半，這是我們最後一次碰觸彼此」等等。

反覆地阻止自己的情欲後最後又輸給了欲望，路德維希一再地寫下這些情況。對他

而言，敗給性慾就像是背叛了自己身為國王的尊嚴，變得更難處理。

這也是為什麼，他會集結路易十四的名字、百合紋章（法國王室的）或是太陽光線（意指太陽王路易十四）等的幫助，以君王的神聖性來起誓，說些「朕即是王」、「以王之名」等誓詞。只是無論怎麼做，效果似乎都不太顯著。

賀寧在七一年結婚，據說路德維希二世稱此為「普法戰爭以來最大的災難」。儘管如此，他還是能維持表面的平靜，將施塔恩貝格湖畔的房子送給賀寧夫婦，在他們的孩子出世後偶爾順道過去拜訪，送點東西或逗弄小孩之後再回宮。

然而，他與賀寧之間這份左右了路德維希大半人生的關係，卻在一八八三年八月，令人措手不及地戛然而止。當時國王命令賀寧找人以大理石打造雕像，但作品完成後送來卻發現是石膏製的。

也不知道是否只是如此原因，還是路德維希二世與日俱增的精神異常，讓他在歇斯底里的狀態下開口跟賀寧分手了。

澁澤龍彥在《巴伐利亞的瘋王》一書中寫道：

「童貞國王與賀寧的關係，居然持續了近二十年。即使是國王的寵臣，也沒有任何一個能這麼長時間的與他共同生活。賀寧才是國王的快樂，也是國王的煩惱，是他的罪惡也是他的悔恨。林德霍夫宮裡的豪華大床，就因為他而經常沾染污漬。」

在那之後，路德維希二世變本加厲的孤僻跟奇特行為，讓他最終走向了悲劇性的死亡。

Chapter 4

同性戀
醜聞風暴

十九世紀至二十世紀 I

王子的名字出現在同性戀男妓院的常客名單上

「同性戀」（homosexuality）這個詞，首次出現在匈牙利作家卡爾・馬利亞・科本尼（Karl Maria Kertbeny）在一八六九年出版的一本匿名小書上。[1] 在那之前罪行重大到需處以極刑的男色愛好者（男同性戀者，Sodomite），也是從這時候開始被改稱為「同性戀」。後來這個用語被醫學書籍和媒體接受並引用，進而普及於一般社會。

在醫學發達的十九世紀末，同性戀不再是種犯罪行為，而是被視為一種疾病，而且傾向將它視為天生且具遺傳性的疾病。既然是種疾病，那麼就不該予以懲罰，相對的也就必須接受治療。同性戀被視為是「性偏離」（性倒錯），某種程度上也算是種歧視。

進一步地，各種同性戀事件透過新型態媒體傳遞開來，成為社會大眾的注目焦點。

例如一八八九年，在維多利亞女王統治下的英國，警察到位於倫敦加寧街（Cleveland Street, London）的同性戀男妓院搜索，逮捕了兩名男性經營者，並在常客名單上發現了維多利亞女王的孫子艾伯特・維克多（Albert Victor）王子的名字。

甚至連愛德華王儲（後來的愛德華七世〔Edward VII〕）的侍從亞瑟・薩莫塞特公爵（Lord Arthur Somerset）的名字也赫然在列。這件事造成白金漢宮陷入騷動，開始著手補救掩飾，當時的首相兼外務大臣沙爾斯伯利侯爵（3rd Marquess of Salisbury）也商請警察們要低調處理，但警察卻無視其要求，決定按照法律程序來查辦。但在發出逮捕令之前，薩莫塞特公爵就逃亡到法國去了。

「加寧街醜聞」（Cleveland Street scandal）事件發生過後不到十年，知名作家奧斯卡・王爾德（Oscar Wilde,一八五四－一九〇〇年）也因為同性戀案件入獄兩年。他與

1 卡爾・馬利亞・科本尼在一八六八年的私人信件上，首次使用 homosexuality 這個詞，而後又使用在匿名出版品上，並被拿來取代由卡爾・亨利希・烏爾利克斯（Karl Heinrich Ulrichs）所創的 Uranian（男同性戀）一詞。

昆斯貝理侯爵（Marquess of Queensberry）的兒子艾弗列・道格拉斯（Alfred Douglas）是對同性戀人，但道格拉斯的父親，這個風評不太好的侯爵認為是王爾德勾引了他兒子，除了斥責他是個同性戀者，還控告他與其他男性發生傷風敗俗的行為。

這些事件讓「同性戀是墮落的貴族們引導下階層少年淪落的不道德行為」的偏見，更廣泛地傳播開來。

而德國在一九〇七年至一九〇九年之間所發生的「歐倫堡事件」（Eulenburg affair），更是震驚全國。雜誌記者馬克西米利安・哈登（Maximilian Harden），指控包括德意志皇帝威廉二世（Wilhelm II von Deutschland）在內，許多高官將領之間盛行同性戀行為。

開庭審理之後，以歐倫堡親王（Philipp Friedrich Alexander, Prince of Eulenburg-Hertefeld）為首的皇帝親信接二連三被傳喚。這起事件震撼了全歐洲，「同性戀在德國是種敗壞道德的行為」這種形象也就廣為流傳了。

包容同性戀的法國

另一方面在法國，自從頒布拿破崙法典之後，同性戀就不構成犯罪了。不過，這也不代表同性戀就會受到認同，民眾對於同性戀者還是具有偏見與歧視。

詩人尚・考克多在一九二八年匿名出版了名為《白色之書》（*Le Livre blanc*）的同性戀自白書，但從未承認這是他的著作。作家安德烈・紀德在一九一一年以匿名方式出版了為男同志辯護的書籍《田園牧人》（*Corydon*），但只印了十二本，後來在一九二四年的再版列上作者名，並刊行普及版，但卻因他自己的醜聞遭到所有朋友的攻擊。

在當時的法國，只要不鬧出醜聞，基本上同性戀是不會遭到他人的非難。尤其是富裕的同性戀會給予下層階級青少年經濟上的援助，而這種庇護關係被視為拉丁語系國家的習性之一。

例如，作家普魯斯特的同性戀情，一開始的對象也是如雷納多・哈恩（Reynaldo Hahn）或路西楊・鐸德（Lucien Daudet）等，與自己同層次的年輕人，慢慢地他轉而喜愛上例如阿戈斯提奈利（Alfred Agostinelli）這樣的藍領階級青年。

對自身醜陋容貌自卑的詩人，女性關係只有妓女　魏崙與韓波①

「秋聲悲鳴猶如小提琴在哭泣……」（〈秋歌〉），這首詩是在日本也相當有名的十九世紀法國象徵派詩人保羅・魏崙（Paul Verlaine）所作。他一生中最戲劇化的事，就是跟他的同性戀人——天才詩人亞瑟・韓波（Jean Nicolas Arthur Rimbaud）命中注定般的邂逅。

一八四四年，魏崙誕生在鄰近德法邊境城鎮梅斯（Metz）的一戶富裕人家。他在二十二歲時就出版了《土星詩集》（*Poèmes saturniens*），是個相當早熟的詩人。但另一方面，他從少年時代就察覺了自己同性戀的傾向，為此煩惱不已。加上非常在意遺傳了母親面貌的醜陋長相，要說有什麼女性關係，大概也就只有妓女了。

他最初的同性戀人是高中時期的同學路西楊・維奧第（Lucien Viotti）。他寫給維奧第的文章，都是在讚賞他美麗的雙眼、高雅的身形、迷人的美貌，以及帶點憂鬱的美好。

不過，魏崙還是為同性戀傾向所苦，煩惱著並想方設法要將自己改變成異性戀。一八七〇年，他與十六歲的瑪蒂爾德（Mathilde）一見鍾情並結婚，婚後戒了酒，也不再上妓院，決心做個好丈夫及優秀的社會人士。

然而，就在一八七一年，命定中的戀人天才詩人亞瑟．韓波在他面前出現了。他於一八五四年，出生在法國阿登省（Ardennes）的沙勒維爾（Charleville），是弗雷德里克．韓波（Frédéric Rimbaud）上尉的次子。他十二歲的時候，就被校長認定是天才，並說：「他的頭腦裡不存在任何平庸俗事。那將使他成為惡的天才或善的天才。」

韓波讀到魏崙的詩大受感動，熱切渴望自己也能加入詩人的行列。於是，他寫了一封信給魏崙，表達自己想前往巴黎學習作詩，並隨信附上自己的詩作。

魏崙被他非凡的才華所打動，表達了願意幫助少年實現夢想。事實上，他正因為安穩的婚姻生活而創作不出詩文。就在他開始感到焦慮時，韓波正好出現在他的生命中。

韓波靠著魏崙贊助的旅費來到巴黎。出現在魏崙面前的，是個雙頰紅潤、宛如天使般的美少年。魏崙把韓波介紹給他的詩人朋友們，韓波也成功地在他們之間大放光彩。不過，雖然韓波一開始以天才詩人之姿大受歡迎與讚賞，但後來終究因為桀驁不遜的舉止而招致反感。

於是，兩人日漸受到詩人團體排擠，愈是遭到孤立，魏崙與韓波的關係就愈緊密。

他對感到嫉妒的妻子開始暴力相向，還毆打剛出生的孩子。忍無可忍的妻子要求離婚，優柔寡斷的魏崙卻又無法下定決心。

韓波把魏崙帶進他計畫許久、「苦路」般的放縱生活中。早熟的天才韓波如此主張：詩人必須增廣見聞，看看他人看不見的事物，追求一切未知之事，要逃脫現實生活等一切的束縛，必須獲得絕對的自由。

在難以言喻的磨難中，人必須成為偉大的罪人、偉大的受詛咒之人，必須看到最崇高的事物。必須捨棄一切道德、飲下所有的毒藥，將其中的精華吸收成自己的所有。即使耽溺於酒精、大麻、變態的性慾中，也必須去嘗試感覺的陶冶與解放。

韓波的男子氣概，讓意志薄弱又優柔寡斷的魏崙受到強烈吸引。但是斬不斷對妻子的舊情，讓他與韓波之間反覆地爭吵衝突。

一八七三年七月初，兩人因一件小事大吵一架。魏崙到外面購物帶著魚跟油瓶回來，卻遭到韓波的冷言相待。一時火大的魏崙就這麼直接跑出門衝到港口，而且可能真的太憤怒了，還直接搭上了船。

搭船來到布魯塞爾的魏崙，寫了一封信給瑪蒂爾德，說如果不能跟她破鏡重圓就要去死，不過瑪蒂爾德對他不理不睬。想要喚回妻子卻失敗的魏崙，最後還是給韓波發了封電報。

韓波在七月八日星期二早上抵達布魯塞爾跟魏崙見面。魏崙對韓波說，他打算前往巴黎再見瑪蒂爾德一面，並要求復合。

韓波聽了他這番話，表示自己也要回巴黎，而且一定會阻止他們夫妻重修舊好。七月九日星期三這一天，兩人的爭吵持續了一整天，魏崙既絕望又激憤，整個人感覺被四分五裂。

七月十日星期四魏崙在早上六點出門，中午喝個爛醉回來。他將買來的一把手槍與五十發子彈拿給韓波看，韓波問他買槍做什麼用，發酒瘋的他回答道：「為了你，為了所有人。」

他想要阻止韓波回巴黎，但對方態度堅決執意要去。魏崙一時怒火攻心，把通往樓梯間的門上鎖，還放了把椅子頂住門。韓波不耐煩地靠著另一邊的牆壁時，魏崙忽然對他說：「如果無論如何你都要去，好吧，這就是為了你！」說完舉槍朝韓波射擊。子彈打中了韓波的左手腕。接著他又射擊了兩發子彈，不過沒有擊中韓波，而是打進了牆壁。

魏崙發狂似的衝到隔壁房間撲倒在床上。接著又把槍塞到韓波手中，哭泣著說：

「我們來世再見。朝我的太陽穴射擊吧……」

當時韓波受的傷並不嚴重，接受治療時也跟醫生謊稱是槍枝走火不小心受傷。

隔天，魏崙不情不願地同意讓韓波出發，並主動陪同他到車站。路上他還是不死心地持續說服韓波改變心意，但對方仍不當一回事，走在前面的魏崙突然回過身來，伸手放進裝了手槍的口袋裡，直挺挺地擋在韓波面前。

因為才發生過昨天那樣的事，韓波心生恐懼，立刻逃跑。他朝著布魯塞爾大廣場上的警察大喊：「請逮捕那個男人！他想要殺我！」

於是，事件終於浮上檯面。魏崙遭到逮捕，帶到輕罪法庭等待判決。而這段期間，韓波就一直待在布魯塞爾。

最後，在一八七三年八月八日，法庭宣判魏崙必須實際服兩年的徒刑。之後，韓波便踏上歸途返回故鄉。他承受著極大的痛苦，一路上喃喃念著：「保羅！保羅！」

「女人的愛會消逝，男人的愛卻不渝」 魏崙與韓波②

這起著名的「布魯塞爾事件」，在兩人心中留下深刻的傷痕。即使魏崙獲釋之後，兩人的關係也沒有再回復。五年後，韓波出發前往非洲。他放棄了前半生的詩人生涯，開始了奴隸販及軍火走私生意。一八九一年，三十七歲時病死，當時在他身邊照顧的人，是他在非洲收留、名叫傑米（Jami）的少年。

另一方面，魏崙則成為勒泰勒聖母院（Notre-Dame de Rethel）學校的教師，跟學生路西楊・雷迪諾亞（Lucien Létinois）成為戀人，並開始同居生活。魏崙是否在他身上看到了韓波的身影，不得而知。但在一八八三年，雷迪諾亞染上傷寒過

保羅・魏崙與亞瑟・韓波（圖中最左邊的兩人）

世之後，魏崙的生活又開始變得一團糟，在巴黎重新過著波希米亞的放逐人生。

自一八八七年開始，他的詩人名氣突然水漲船高，大受想要成為詩人的青年們歡迎。他也曾愛上年輕的素描畫家弗雷德里克・奧古斯特・卡札爾（Frédéric-Auguste Cazals），但對方拒絕了他的追求。

晚年的愛情雖然不順遂，但魏崙仍深信「女人的愛會消逝，男人的愛卻不渝」。之後，他終日飲著苦艾酒荒唐潦倒度日，於一八九六年撒手人寰。

與出入男妓院的不良少年相遇　奧斯卡・王爾德①

著有《快樂王子及其他故事集》（*The Happy Prince and Other Tales*）、《格雷的畫像》（*The Picture of Dorian Gray*）等代表作的十九世紀英國知名詩人兼小說家奧斯卡・王爾德，於一八五四年誕生在愛爾蘭的名醫世家，就讀牛津大學，一八八一年出版第一本詩集後，很快地在文壇嶄露頭角，也是唯美主義文學的代表人物之一。

一八一九年，也就是他三十七歲這年，出版了小說《格雷的畫像》。這是一本隱約可窺見他同性戀傾向的悖德小說，因而遭到媒體大肆抨擊，但也因此讓他變得家喻戶曉。當時他還擁有美麗的妻子及兩個可愛的孩子。

就在他成為超高人氣作家的這一年，與別名波西（Bosie）的艾弗列・道格拉斯邂逅，大大地改變了王爾德的命運。

王爾德很快就愛上了這名金髮藍眼，五官俊秀的美少年，兩人的關係在社交界引起流言。道格拉斯是會出入男妓院的不良少年。王爾德透過他結識了男妓院老闆艾弗列・泰勒（Alfred Taylor），從這時候開始與許多同性且賣身的不入流少年過從甚密。

儘管道格拉斯立志成為文學家，卻是每天無所事事地到處閒晃，跟王爾德約好在薩伏依飯店見面時，王爾德想要避人耳目走側門，他卻要特地走正門，因為「我想讓大家都看到王爾德跟這個少年走進飯店」，是個非常虛榮的少年。

艾弗列・道格拉斯的父親昆斯貝理侯爵，是知名的蘇格蘭大貴族，但也是個既野蠻又低俗的男人，在倫敦的社交界並不受歡迎。王爾德與兒子艾弗列的關係激怒了侯爵，他開始四處中傷王爾德，還帶著當過拳擊手的巨漢闖進王爾德家，威脅王爾德要公開他寫給艾弗列的信。

但最後擊垮王爾德的是，不滿他父親作為的艾弗列要他對昆斯貝理侯爵提出妨礙名譽告訴。一八九五年四月三日，倫敦老貝利法院（Old Bailey）的法庭裡，除了法官亨・柯林斯（Richard Henn Collins）、原告奧斯卡・王爾德、被告昆斯貝理侯爵之外，還擠滿了想來一窺世紀醜聞而到法庭來湊熱鬧的人們。

因為《格雷的畫像》書中呈現的同性戀而遭到非難的王爾德，在一開庭即先針對藝術與道德的關係做了一番論述：「藝術家專注地追求美好，因此沒有所謂道德或不道德的書籍。在他們眼中，書籍只有優美與否之分。」

而當檢察官引用艾弗列的詩作《兩種愛》（*Two Loves*）中的句子來訊問他「什麼是『不敢說出名字的愛』？」時，王爾德這樣回答：

> 「那是年長男性對年輕男子所展現的愛，如同柏拉圖為他的哲學所打下的基礎，也像你在米開朗基羅或莎士比亞的十四行詩中所見的，近乎完整的純粹之愛。然而，這份愛在本世紀遭受嚴重的誤解，因此除了將它寫成『不敢說出名字的愛』之外別無他法。現在，我為了這份愛而站在這裡。」

王爾德藉由這段話闡述了自己的思想，並贏得法庭內眾人的喝采。

被指控「雞姦罪」而身敗名裂　奧斯卡・王爾德②

儘管王爾德口若懸河，辯才無礙，但當律師卡森（Edward Carson）向他提出證人們的供詞時，還是讓他的聰明機智失去了作用。大多數的證人，都是王爾德之前曾經抱過的少年們。包括公司供餐人員愛德華、賣報紙的阿爾馮斯等等。

其中較令人震驚的證人，是艾弗列・泰勒。這名男子雖然出身自上流階級，但當他花光父母留下的遺產時，他就開始在自家中媒介中年男子與少年性交易。他也曾介紹許多美少年給王爾德。

卡森針對關於艾弗列的僕人沃特・格蘭傑（Walter Granger）這名少年，隨口質問王爾德：

「你吻過他嗎？」

「別胡說了。我怎麼可能會吻像他那麼醜的少年？」

王爾德怒聲駁斥。但卡森捉住他的語病窮追猛打。

「你為什麼提到他醜，如果他長得俊美，你就會吻他了吧？」

這次的質詢中，王爾德被卡森的這句話猛攻，將他逼得啞口無言。於是，涉嫌與多名少年發生肉體關係的證據，讓法院對王爾德發出拘捕令了。

四月五日傍晚，倫敦警局的兩名警官出現在王爾德家中，將他帶往哈洛威監獄（Holloway Prison）。這次的原告則是昆斯貝理侯爵。於是，從一八九五年四月二十六日開始，再度展開第二輪的審判，原告與被告的立場則完全反過來。

法庭內花了三天的時間，陳述起訴王爾德的二十五件具體事實。這激起半數以上的陪審員對他的敵意，聽不進王爾德的辯白。

儘管王爾德孤立無援，但至少一開始發言的時候還能發揮天生的幽默感。例如，關於進行交易的地點泰勒家，律師這麼問他：

「你不覺得那個場所很可疑嗎？」

「不會，還好吧。」

「你認為感覺到一個地方很可疑，是很正常的事？」

「我也不清楚。不過，倒是很像議會呢。」

此外，還有針對王爾德寫給艾弗列德的信中，洋洋灑灑滿是稱讚的「輕盈的靈魂」、「薔薇般的紅豔嘴唇」等詞句。

「你認為一個像樣的大人，會對同性說出這種話嗎？」

「我並不是什麼『像樣的大人』，而且為此感到自豪。」

然而，對於王爾德來說，最致命的就是薩伏依飯店員工們的證詞。他們作證經常看到有少年躺在王爾德的床上，同時床單上就會留下可疑的痕跡。

經過三輪的公審之後，陪審團對於起訴的事實全都做出「有罪」的結論。王爾德被判處兩年監禁並強制服勞役的嚴苛裁罰。

判決出爐後，王爾德輾轉待過哈洛威監獄、旺茲沃思監獄（Wandsworth Prison）、瑞丁監獄（Reading Prison），因受失眠與疾病所苦，短短的時間內體重從八十六公斤掉到了七十六公斤。

讓王爾德身敗名裂的當事人艾弗列・道格拉斯，一次都沒有去探視過他。在獄中陷入絕望與苦惱深淵的王爾德，寫給一直保持沉默且態度冰冷的艾弗列的信件，後來集結成書《來自深淵的吶喊：王爾德獄中書》（*De Profundis*），並成了後世名作。

獲釋後的王爾德將在獄中寫下的詩作與信件謄本送給艾弗列，但艾弗列不僅沒有看，缺錢花用時還把稿件賣掉以維持生計。

儘管被如此對待，王爾德還是無法割捨艾弗列。同年八月三十一日的信中就寫道：

「沒有你，我就無法完成創作美麗藝術品的夢想。只有你，才能激發我心中創作藝術時必備的能量與感性。」

之後，兩人間仍維持書信往來，還一起去了拿波里旅行，但這時的王爾德已經不像過去那麼富裕，對此幻想破滅的艾弗列很快就離他而去了。

一九〇〇年，昆斯貝理侯爵去世，艾弗列繼承了兩萬英鎊的遺產。兩人的共同朋友聽聞此事，勸他多少也接濟王爾德一些，但艾弗列只表示他沒有那種閒錢，想也不想就無情地拒絕了。

王爾德與艾弗列・道格拉斯合影

震驚德意志全國的同性戀醜聞　歐倫堡事件①

與王爾德事件幾乎同時期，海峽對岸的普魯士，也因為一起空前的同性戀醜聞而引發全國人民騷動，就是歷史上有名的「歐倫堡事件」（亦稱「哈登—歐倫堡事件」）。

德意志帝國皇帝威廉二世在與鐵血宰相俾斯麥（Otto von Bismarck）分道揚鑣後，此前俾斯麥一直貫徹和平及結盟的現實主義外交政策出現了大轉彎，威廉二世的政治目標是藉由軍備擴張與殖民政策來稱霸世界。

這時期威廉二世重用他的同學歐倫堡侯爵，派駐巴伐利亞、奧地利等地外交官。威廉二世即位後，他便成為皇帝身邊的心腹，更有傳言事實上他還是威廉二世的「情夫」，於公於私各方面都全力支持著皇帝。

遭到皇帝排除的俾斯麥可能懷有報復心，因此對政治雜誌《未來》（*Die Zukunft*）的主編馬克西米利安・哈登，透漏皇帝的心腹間盛行同性戀關係，這項推測成為了事件的導火線。

那是一九〇七年十一月，威廉二世到黑森林的貴族領地度假，並招待較親近的幾個朋友到此地放鬆身心。某天的晚宴上，軍事祕書長迪特里希・馮・胡森・海塞勒

（Dietrich von Hülsen-Haeseler）伯爵心血來潮，穿上芭蕾舞裙扮成芭蕾女伶，跳起舞來娛樂皇帝。

眾人大樂在一旁起鬨，沒想到祕書長跳到一半，突然心臟病發當場猝死。

根據在場人士的證言，皇帝不曾如此狼狽過，他雙眼透露著恐懼，目瞪口呆地望著半空中。如果同性戀醜聞被公諸於世，將會成了他的致命傷……對皇帝的外交政策感到不滿的一群人，將這件事當成攻擊材料來炒作，不過是時間早晚的問題而已。

例如，哈登早已數次威脅歐倫堡要寫出更多他的隱私報導，以致歐倫堡在一九〇六年全面退出公眾事務，移居到瑞士，勉強避開了這些攻擊。

然而，哈登的揭露卻愈來愈激進，他稱軍事指揮官庫諾・馮・毛奇（Kuno von Moltke）為「甜心」（sweetie），稱歐倫堡為「豎琴家」（Harpist）。看似只是說毛奇喜愛甜食，歐倫堡擅長演奏豎琴，但實際上這兩個詞彙都有暗指同性戀者之意。

哈登的攻擊收到成效，從一九〇六年至隔年，被告發為同性戀的六名將校軍官自殺，約有二十名將校遭到軍法審議。[2] 皇家親衛隊被迫為上級長官提供性服務一事也遭揭露。而當時親衛隊隊長威廉・馮・霍赫瑙（Wilhelm von Hohenau）伯爵是皇帝親戚這件事，也惹來諸多非難。

然而，在這樣的氛圍下，歐倫堡居然打算回到德國接受黑鷹勳章的敘勳，讓哈登怒不可抑，於是明白地指名道姓，告發了歐倫堡。

除了歐倫堡，他還同時發布了數百名相關同性戀者的名單。由於引發人民極大的反彈，皇帝不得不命令名單上的霍赫瑙中將、約翰尼斯・格拉夫・利納爾（Johannes Graf zu Lynar）少校、毛奇中將等三人辭職。

據說除此之外，包括皇家劇院的導演喬治・馮・胡森・海塞勒（Georg von Hülsen-Haeseler）伯爵、皇太子的馬寮長馮・斯帝克羅斯（von Stickroth），甚至還有帝國宰相伯恩哈德・馮・比洛（Bernhard Heinrich Karl Martin von Bülow）伯爵等十五名有權有勢的貴族，也都出現在這份同性戀名單上。

2 當時德國嚴格禁止同性戀行為，其刑事法第一七五條明訂男性同性戀行為是刑法罪行，至納粹德國擴大此條例範圍，以致有上萬名同性戀者因此被強制關進集中營。此條例於一九九四年廢除。

牛奶商作證會提供性服務以換取金錢　歐倫堡事件②

由於歐倫堡及毛奇控告哈登，一連串的庭訊開始了。一九〇七年十月開始的毛奇控告哈登的法庭上，有關毛奇是否為同性戀的問題，毛奇的前妻莉莉・馮・艾爾伯（Lili von Elbe）、士兵保哈特（Bollhardt），以及性學專家馬格努斯・赫希菲爾德（Magnus Hirschfeld）醫學博士都出庭作證。

前妻艾爾伯作證說，她與毛奇只有在婚禮初夜與第二天晚上有過性生活。毛奇還曾愛戀地用臉頰磨蹭歐倫堡的手帕，而兩人都稱呼皇帝為「親愛的」（Darling）。士兵保哈特則作證說，在某個同性戀的派對上，他目擊了霍赫瑙與毛奇在一起的情況。

接下來性學專家赫希菲爾德則以艾比的證詞與對毛奇的觀察結果為基礎，陳述他認為毛奇顯然有女性化的傾向（他連上法庭都要化妝），可能是個同性戀者。

結果毛奇被認定為同性戀者，哈登獲得了無罪的判決。

接下來是在一九〇七年十一月，帝國宰相伯恩哈德・馮・比洛控告同性戀雜誌《獨一無二》（*Der Eigene*）[3]創刊人阿道夫・布蘭德（Adolf Brand）的庭審開始。

布蘭德寫了一篇報導，指控「在歐倫堡主辦的純男性聚會中，比洛擁抱並吻了他的祕書薛佛（Scheefer），隨後薛佛經常以這件事威脅敲詐比洛」。

不過，這次的判決結果是比洛勝訴，布蘭德因為毀損名譽罪被判服十八個月的徒刑。

沒過多久，又展開了毛奇控告哈登的第二次庭審。但這時法院較傾向保護制度面，因此以毛奇的前夫人歇斯底里為理由，判定前次的證詞不足採信。性學專家赫希菲爾德也因為撤回第一次的證詞，遭認定不值得信賴。這次的審判結果大轉彎，哈登因名譽毀損罪遭判監禁四個月。

但是，哈登不服輸地反擊。一九〇八年四月，他控告了巴伐利亞的記者安東・史戴德勒（Anton Städele）。因為史戴德勒在報導中指「哈登是因為收了歐倫堡的封口費才會撤銷告訴」。

不過，據說這件事其實是哈登自導自演。因為他想把歐倫堡引到法庭上來，特地叫史戴德勒編造這篇不實報導。

3 德國 *Der Eigene* 雜誌，是世界上第一本男同性戀刊物，一八九六年創刊，一九三二年結束。

這次庭審中被傳喚的證人是牛奶商人喬治・李德爾（Georg Riedel），他作證自己在從軍時期藉由提供歐倫堡性服務來換取金錢。而同為證人的史坦堡農夫雅各・恩斯特（Jacob Ernst），則證明他十九歲時受到歐倫堡的引誘，而有了性關係。

姑且不論這些證詞是否是因哈登的收買而說出的，總之歐倫堡因此被以偽證罪起訴，一九〇八年五月又重新開庭。

以前述農夫恩斯特為首的四十一名證人被傳喚，歐倫堡寫給恩斯特的信件也被公開，還出現了一名船員，作證自己在皇帝的遊艇霍亨佐倫號（Hohenzollern）上，透過鑰匙孔看到兩人的同性性行為……這一切都將歐倫堡逼到走投無路。

總而言之，一九〇七至一九〇八年的普魯士因為這些官司而動盪不安，這一連串的法院庭審造成的壓力，讓許多相關人士紛紛病倒。一九〇八年六月二十九日，法庭以歐倫堡健康不佳為由，決定延後庭審。

事實上可以在住院的歐倫堡的病房內審理，但結果還是裁定無限期延後。之後，歐倫堡避居自己的領地利本柏格（Liebenberg），於一九二一年在失意中撒手人寰。

而這件讓德意志全國上下都霧裡看花的同性戀醜聞「歐倫堡事件」，總算就此落幕。

幾年後，歐倫堡的妻子奧古斯塔・桑德爾斯（Augusta Sandels）回憶這整起事件，說道：「他們圍攻的人雖然是我丈夫，但真正目標卻是皇帝本人。」

哈登本人也在數年之後表示，這起事件是他人生中最大的污點。也因為排除了主張和平政策的歐倫堡，威廉二世及他的近臣們自此強化軍備，最後不可避免地發生了第一次世界大戰。

愛上美貌與才能兼備的少年　尚・考克多①

時間是一九一九年八月六日，地點在巴黎的萊昂斯・羅森伯格（Léonce Rosenberg）畫廊裡，舉行追悼詩人紀堯姆・阿波里內爾（Guillaume Apollinaire）的晨詩會（matinée poétique白天聚在一起讀詩）。

發起人是詩人馬克斯・雅各（Max Jacob），他讓席間一名十五歲的無名少年朗誦雅各自己創作的詩。而這名少年，就是後來人詩人尚・考克多（Jean Maurice Eugène Clément Cocteau）的同性戀人，早熟的天才作家雷蒙・拉迪格（Raymond Radiguet）。

拉迪格就是在這時被介紹給考克多，幾天之後，他去考克多的家拜訪。他的容顏蒼白，一頭亂髮，有著距離一公尺遠就會看不清東西的高度近視，還有偶爾會受不了強光似的蹙起眉頭的習慣。

拉迪格說話結結巴巴地，從口袋裡掏出皺皺的紙張推到考克多面前。考克多疑惑地收下，放到桌上把皺摺壓平後開始讀起來……

雖然這樣的會面有點糟糕，但考克多很快地就看見了剛才推到他面前的詩篇中所蘊藏的卓越才華。

當時的尚・考克多二十九歲。一八八九年，出生在巴黎郊外風光明媚的度假勝地梅森－拉菲特（Maisons-Laffitte），一個典型的資產階級家庭。父親是喜歡繪畫的前律師，母親喜愛欣賞戲劇，是位優雅的巴黎女士，祖父則是與義大利作曲家喬奇諾・安東尼奧・羅西尼（Gioachino Antonio Rossini）很有交情的小提琴欣賞家。在這麼典雅的家庭環境裡成長，考克多即使不願意也多少培養出藝術品味。

十七歲的時候，他被介紹引進作家阿爾豐斯・都德（Alphonse Daudet）的夫人舉辦的沙龍，這種沙龍是當時典型的社交界。十九歲時，演員艾杜瓦・馬克斯（Édouard de Max，為知名女星莎拉・伯恩哈特〔Sarah Bernhardt〕[4]的對手戲演員而出名）租下香榭大道上的費米納劇院（Theatre Femina），舉辦「十八歲年輕詩人尚・考克多」的詩歌朗讀會，做為他的詩人出道發布會華麗亮相。

他與受到詩人夏爾・皮耶・波特萊爾（Charles Pierre Baudelaire）激賞的高蹈派（Parnassianism）詩人卡圖爾・曼德斯（Catulle Mendes）交流。進一步接二連三地出版詩集，被譽為「法國浪漫派詩人繆塞（Alfred de Musset）重生」，還獲得了美麗的閨秀詩人安娜・德・諾瓦伊（Anna de Noailles）這位紅粉知己。

接著改變考克多命運的，是與謝爾蓋・戴亞吉列夫（Sergei Diaghilev）帶領的俄羅斯芭蕾舞團（Ballets Russes）劃時代的相遇。深受被譽為舞神的尼金斯基（Vatslav Nijinsky）華麗的跳躍所吸引，考克多接下了戴亞吉列夫的委託，寫下芭蕾舞劇《青神》（Le Dieu Bleu）的劇本，一九一二年在巴黎首次公演。

接著，他為回應戴亞吉列夫所下的「讓我驚豔吧」的挑戰書，執筆了《遊行》（Parade）（艾瑞克・薩提〔Éric Alfred Leslie Satie〕作曲、畢卡索〔Picasso〕舞臺設計），被讚譽為替芭蕾舞留下革命性的腳印，演出也獲得了歷史性的成就……

而在認識拉迪格當時，考克多作詩、寫小說、畫畫；為電影、芭蕾舞、舞臺劇寫劇

4 約一八四四－一九二三年，是法國十九世紀末和二十世紀初的舞臺劇和電影女演員。她不僅是當時法國最有名的女人，甚至可說是當時世界上最知名的女演員。

本及執導；甚至還要遴選美術、音樂、演員……考克多集所有藝術於一身，如此活躍徹底改變了過去對藝術家的概念，他也因此聲名大噪。

再來就是考克多掩飾不住的同性戀傾向。他不只欣賞對象的美貌，也會受對方的才華所吸引，進而予以培養。而被這樣的考克多發掘，對拉迪格而言是相當幸運的。

從這時候開始，巴黎的人們都將拉迪格視為考克多的情人。他每個禮拜都會跟著考克多一起出席作家或音樂家們的晚餐聚會。在那裡進行展現才華的對話，討論詩及小說、演奏音樂。這個每週六舉行的晚餐會持續了兩年。有時候在蒙馬特進行、有時候在瑪德蓮廣場上的詭異餐廳裡進行……

考克多毫不吝惜地將自己的朋友一一介紹給拉迪格。作家保羅・莫朗（Paul Morand）、作曲家艾瑞克・薩提、畫家及舞臺設計師瓦倫泰・雨果（Valentine Hugo）、畫家基斯林（Moïse Kisling）……跟朋友們打鬧玩樂之後，咖啡廳或音樂廳的店家營業時間結束時，考克多就會送拉迪格到車站，送他搭上前往巴黎郊外聖莫爾德福塞的列車。

而拉迪格過去的粗野外貌，也很快就改頭換面了。戴上單邊眼鏡，拿著手杖，穿上海軍藍的上衣，穿戴白色手套及白色圍巾，成為一名讓人感覺舒服的雅痞。兩人無論到哪裡都形影不離，而且考克多還親暱地稱他為「Bébé」（寶貝）。

《肉體的惡魔》之誕生　尚・考克多②

拉迪格在一九二〇年出版首部詩集《雙頰如火燒》（*Les Joues En Feu*）之後，跟考克多一起住在阿卡雄（Arcachon）灣的皮可（Piquey），在那裡繼續撰寫第一本小說《肉體的惡魔》（*Le Diable au corps*）。他們暫居的尚托克雷爾飯店，位於沿岸松樹林旁。每天在退潮後，會有一輛一匹馬拉的小馬車運來糧食。而要到阿卡雄鎮上去時，就搭上小船渡過海灣前往。

拉迪格很快就厭倦了這種閒雲野鶴的生活，有時候會希望去外地透透氣，但考克多總要他先完成小說再說，甚至還把他鎖在房間裡不讓他踏出房門一步，結果拉迪格就像個失控無理取鬧的小孩子，想要爬窗逃走。要是覺得考克多太囉嗦了，也會鬧脾氣地說「寫就寫嘛」，然後拿起筆來故意胡亂寫一通。《肉體的惡魔》的故事結構就是這樣來的。第一次世界大戰時，十五歲的高中生主角，愛上了未婚夫上戰場的十八歲女孩瑪爾特（Marthe），還讓她懷孕了。主角因為十六歲就要當父親而感到困擾，瑪爾特備受折磨身心疲憊，最後生病回到娘家，早產生下一名男嬰後猝死。之後，主角獲知女孩以他的名字為孩子命名，在嚥下了最後一口氣之際仍喚著他的名字……

考克多將這本出色地描寫心理層面的小說，介紹給熟識的出版社老闆貝納・卡瑟（Bernard Grasset）。卡瑟對拉迪格的這部小說愛不釋手，即使嚷著要破產了，也還是在一個月內大量出版了共四刷四萬一千本的數量，這在文學作品中是非常破格的待遇。

卡瑟在所有的報紙及電影中為《肉體的惡魔》打廣告。

「由年輕新銳作家著作的驚世作品，造成文壇的爭議熱潮。激烈的毀譽之爭一波又一波，可以說是空前絕後的大成功。這本吹起一股驚人強烈生命力的小說，您怎麼可以錯過呢。定價三法郎四十分。」

更讓人驚訝的是，甚至還製作了《肉體的惡魔》電影宣傳影片。首先，法國最年輕的作家拉迪格興奮的臉出現在螢幕上。接著特寫了這名天才少年的手，在小說原稿最後一頁簽名的手就大大地映在螢幕上。

接著鏡頭倒轉到卡瑟的出版社，拉迪格抱著原稿走進裡頭交給老闆。老闆站起來，一臉感動地跟拉迪格握手。接著打出字幕：「發行這部傑作之際，出版社也提供年輕作者一輩子的資助。」

書店大量鋪擺《肉體的惡魔》，並湧現買書人潮爭相搶購……當然，這一連串的宣傳也讓批評聲浪四起，但也讓拉迪格迅速成名，一躍成為文壇新寵兒。文學沙龍與貴族沙龍爭相激請他參加，報章雜誌也相繼推捧他。

書店裡高高堆起的《肉體的惡魔》上方裝飾著他的照片，而這張照片每天晚上也會出現在電影院的大螢幕上。

為了女人與情人不斷地爭吵　尚・考克多③

一夕致富的拉迪格開始揮霍無度，生活放蕩，與舞會中認識的女子波羅妮雅・帕穆特（Bronia Perlmutter）在鄰近上議院的弗沃飯店（Hotel Foyot）開始同居。自甘墮落的生活傷了考克多的心，拉迪格更是殘酷地向他誇耀展現自己的男女關係。

嚴格說來，拉迪格能夠這麼成功都是因為考克多的提攜與關愛，然而拉迪格卻以多次與其他女人發生情事傷他的心，來做為回報。

考克多在他以同性戀情為主題的小說《白色之書》中，就有以拉迪格為原型的H少年。少年一再地與女人玩戀愛遊戲，讓愛著他而焦急的「我」感到痛苦。

當「我」逼問少年到底是女人還是自己比較重要時，少年卻冷淡地回答：「我不想讓你痛苦，但與其做出虛偽的承諾，還不如分手好了。」

「那我未來該怎麼辦？我的夜晚、夜晚過後的天明、隔天，還有再隔天，我又該怎麼度過呢？」

「我」絕望地吶喊著。少年突然清醒過來，抱著「我」拚命地請求原諒，還發誓會與女人分手。但是最後，他還是又搭上了另一個女人。

「我」嫉妒得發狂，質問他與女人的關係，不斷逼問一直否認的少年，等他終於坦白之後，「我」毆打他、拉他的耳朵又抓他的頭去撞牆。看到少年的嘴角流出鮮血時，「我」才從憤怒中清醒，搖搖晃晃地走到房間角落頹然坐下……

這樣為了女人發生爭吵的情景，事實上一直在拉迪格與考克多之間反覆上演。

然而，即使感到如此痛苦，考克多仍一如往常全身心地愛著拉迪格。他在到法蘭西公學院（Collège de France）演講時，仍不忘讚美與宣傳拉迪格的《肉體的惡魔》，甚至還促成了拉迪格以這本書獲得新世界獎。

這個獎項是由伯納德・費伊（Bernard Faÿ）所創立，並由費伊、考克多、馬克斯・雅各、尚・季洛杜（Jean Giraudoux）、保羅・莫朗等共七位詩人及作家擔任審查員，擊敗勁敵菲利普・蘇波（Philippe Soupault）所著的《好人》（*Le Bon Apôtre*）。《肉體的惡魔》得到考克多、雅各等人的四票，而獲得這個獎項。

獲得新世界獎之後，拉迪格的生活徹底改變。他戒了酒、睡眠充足，不再過著荒唐無度的生活，彷彿被什麼追趕似地專注工作。

當時拉迪格正在撰寫《伯爵的舞會》（*Le Eal du Comte d'Orgel*），而這另一本代表作也是三島由紀夫青少年時代愛讀的書。同時還整理了他過去隨手創作的詩篇。考克多看著他認真工作的樣子，雖然很高興，卻總有一股不祥的預感。小說的原稿在十月底完成後，交給了卡瑟。

這部名著描寫歐傑爾伯爵夫妻與主角佛朗索瓦，三人之間錯綜複雜的心理糾葛，對心理層面的巧妙敘述，被推崇為堪稱完美的心理小說之一。

十二月，拉迪格開始校閱小說的試印版。然而某天晚上，他在弗沃飯店自己的房間裡，突然感覺很冷，結果是在阿卡雄吃的牡蠣讓他感染了傷寒。考克多及其他朋友都要求他多休息，但一心想完成小說校閱的他不顧別人的勸告。

過沒多久他的身體開始惡化，甚至下不了床。俊美的臉在枕頭上微弱地搖動，聲音斷斷續續，看起來非常痛苦。

大感驚訝的朋友們趕緊送他到醫院，但一切都太遲了。一九二三年十二月十二日上午五點，在家人朋友的圍繞下，拉迪格靜靜地結束了他短短二十年的生命。

當時人正在法國南部皮可的考克多，來不及見他最後一面。

根據考克多替《伯爵的舞會》所寫的序文，拉迪格對十二月九日去探病的考克多這麼說：

「大事不好了，再過三天神的士兵就要來槍殺我了。」

考克多含著淚拚命地安撫他說不會的。拉迪格接著又說：

「色彩忽隱忽現，那些色彩裡面都藏著人。」

然而，考克多要幫他趕走那些人時，

「你趕不走的，因為你看不見那些色彩啊。」

說完，拉迪格便陷入昏睡狀態。

拉迪格的逝世，讓考克多悲痛得無以復加。後來他寫道：

「失去了拉迪格，我就像失去了自己選來的一個兒子。可是在我心中，他將永遠如此年輕。死亡讓他在我心裡永遠只有二十歲。」

對妓女極端地厭惡　安德烈・紀德①

安德烈・紀德生長於一個典型的資產階級家庭，父親是巴黎大學的法學教授，母親是法國北部盧昂的大富豪千金。

紀德是一九四七年的諾貝爾文學獎得主，二十世紀世界最偉大的作家之一。在筆者年輕時，他的代表作《窄門》（*Strait Is the Gate*），與赫曼・赫塞（Hermann Hesse）的《車輪下》（*Unterm Rad*）、湯瑪斯・曼（Paul Thomas Mann）的《托尼歐・克呂格》（*Tonio Kröger*）等三本書，是青少年的必讀叢書。

就跟當時的其他資產階級家庭一樣，母親對他採取清教徒式的嚴格教育，但青少年時期的紀德卻是個不愛念書的壞學生，還曾經在課堂上手淫被老師逮個正著。總之，就是個沒什麼特殊之處的少年。

他的初戀對象是大他兩歲的表姊瑪德蓮（Madeleine）。她是紀德母親茱麗葉（Juliette）的哥哥、盧昂儲蓄銀行副總裁埃米爾・洪多（Émile Rondeaux）的女兒。洪多的妻子馬蒂爾德（Mathilde）是性感迷人的混血美女（在殖民地出生）。每年夏天紀德家與洪多家兩家人都會在同一棟別墅度暑假。

然而，紀德在十三歲那年到洪多家玩時，意外撞見了馬蒂爾德舅媽與外遇對象正在偷情。當時因母親不倫而痛苦不已的瑪德蓮，激發了紀德的騎士精神，誓言要永遠保護她。

因母親外遇而有了心理創傷的瑪德蓮，對男女間的肉體欲望深惡痛絕，認為與男人的愛情應該抱持所謂的天使主義（angelisme，亦稱純潔主義）。也就是說，藉由兩人彼此相愛，走向崇高的神的道路。

所以，她堅決地拒絕紀德的求愛，並與從未放棄追求的紀德一直維持著純潔的關係。

而紀德也是如此，從小就對在街上看到的妓女懷有強烈的厭惡感，並將女人分成汙穢肉欲的具體化及清純的精神戀愛對象兩種，也就是靈肉分離。

他深信女人沒有性慾，並認為他在瑪德蓮身上所看到屬精神層面的純粹美德，是女性的理想樣貌。這同時也反映了母親對他嚴格要求的清教主義（Puritanism）。

雖然瑪德蓮一直拒絕紀德的追求，但在一八八五年他母親過世後，彼此間忽然拉近了距離，四個月後紀德與瑪德蓮娜便倉促地結婚了。

儘管紀德對母親的清教主義心懷反抗，但忽然失去母親的不安全感，讓他轉而尋求其他的避風港。而瑪德蓮或許也是因為之前堅決反對兩人結婚的紀德母親過世，以致心境上有了巨大的轉變吧。

與擁有完美古銅色肌膚的少年一同領略同性戀的歡愉
安德烈・紀德②

然而一八九三年，二十四歲的紀德跟朋友保羅・羅倫斯（Paul Albert Laurens）初次前往北非旅行時，潛藏在體內的同性戀傾向覺醒了。

而讓他領略到這層快樂的，是個名叫阿里（Ali）的古銅色肌膚少年。這名少年頭戴無邊帽，穿著粗布上衣、突尼西亞風格的寬鬆及膝短褲，仰躺在蘇塞（Sousse）的海灘沙丘斜坡上，主動誘惑紀德。

「我終於等到了！回想起今天，就很佩服自己能夠如此忍耐……他的笑容逐漸褪去……哀傷的神情籠罩著他美麗的臉龐。最後他終於站起來。『那麼，再見了。』可是這時我捉住了他伸出的手，把他按倒在地上……他從口袋裡拿出一柄小刀，一口氣割開代替腰帶的繩子。身上的衣服一件件落下，他把那些丟得老遠，然後裸著身子宛如神祇般站起來。下一瞬間他纖細的手腕伸了過來，面帶笑容地倒在我身上。」

從陌生少年阿里身上所品嘗到的感官歡愉，讓紀德難以忘懷。於是，一八九五年再度前往非洲，並在那裡巧遇舊識英國作家奧斯卡・王爾德。王爾德當時被同性戀人艾弗列・道格拉斯的父親控告，為了躲避醜聞而來到北非。

一走進王爾德常去的咖啡店，紀德就被褐色肌膚的美麗少年穆罕默德（Mohammed）深深地吸引住。王爾德向紀德介紹少年是「波西（指艾弗列）的那個」，見紀德看他看得目不轉睛，王爾德很得意地笑著調侃了紀德一番。

在王爾德居中牽線下，紀德帶著穆罕默德進入了廉價旅館的某間房裡。紀德完全沉溺在少年充滿野性的褐色肌膚裡，嘗到了多達五次的激情喜悅。現在，他終於認清真正的自己了。

於是，紀德不顧一切地在一九二四年，發表了擁戴男色愛好的書籍《田園牧人》，以及赤裸剖白自己同性戀傾向的小說《如果麥子不死》（*Si le grain ne meurt*）。他的好友羅傑・馬丁・杜・加爾（Roger Martin du Gard，《蒂博一家》〔*Les Thibault*〕作者，諾貝爾文學獎得主），在他前來商量出版《出園牧人》的時候，極力勸阻他，告訴他：「你肯定會因此而比死還痛苦的。」

然而，天性喜好自戀地剖析自己的紀德，無法抵抗「向大眾懺悔、挑戰社會，並將自己暴露在這些攻擊下的欲望（根據杜加爾的說法）」，堅持要出版。

當然，後果非常嚴重。令人反感的噁心內容，讓他的朋友們全都驚嚇得離開了。紀德死後隔年，教廷將他的書全部列為禁書，因為會帶壞青少年墮落。

然而，對於紀德的所作所為，他的妻子瑪德蓮又是如何看待的呢？事實上，在一九五一年紀德去世後，所出版悼念瑪德蓮的《遺悲懷》（*Et Nunc Manet in Te*）[5]一書中，對於兩人的相處情況就已經說明了一切——他們的婚姻「有名無實」，只是名義上的夫妻。

瑪德蓮因為母親的不貞有了心理創傷，因此與紀德事先說好要一起追求通往神聖道路的柏拉圖式愛情。但是，這是婚前的想法。結婚後，她想要懷孕生子的本能，以及自

5　Et Nunc Manet in Te，拉丁語，直譯是「如今她在你裡面」，意思是逝者永存生者心中。

然而然萌生想要與愛人結合的欲望，讓她在某個夜晚，即使感到羞恥還是試著主動誘惑紀德。但是，紀德對於主動示愛的她卻無動於衷，就這麼不了了之。可想而知，這件事給瑪德蓮的心理造成多大的傷害。

紀德是個很自我的人。他寫道：「只要在愛裡糅和了精神層面，就能夠壓抑肉欲；唯有不把理性與情感混為一談，異性之愛才有可能發生。」事實上，他在北非也跟妓女睡過，一九二三年，已經五十三歲的他，甚至還跟一名年輕女子發生關係生下一子。

而且在紀德心裡，不知不覺已經把妻子瑪德蓮與母親的身影重疊了。在他們蜜月旅行時，紀德好幾次把隔壁房的瑪德蓮誤認為是母親，驚覺到這一點的他，於是把這件事寫在日記裡。

但不論如何，丈夫有同性戀傾向，瑪德蓮應該多少都能感覺得出來。或許她自信丈夫與自己之間的強烈信賴關係與愛情無人能及，才能夠忍受這一切吧。至少是在某個人出現之前……

調教心愛的美少年，帶領他攀向頂點　安德烈・紀德③

這個人就是馬克・阿勒格萊（Marc Allégret）。他於一九〇〇年出生，與紀德相遇時十七歲，是紀德的舊識艾利・阿萊格雷（Élie Allégret）牧師的第四個兒子。兩家原本就很有交情，紀德與瑪德蓮也都很疼愛孩提時期的馬克。

（摘錄自一九一七年的日記）「時間荏苒，這孩子看起來變得驚人的美麗。彷彿獲得所有一切恩寵般。若要說的話就宛如詩人Signoret的詩了「眾神的花粉」一般吧。從他的臉上到所有皮膚都散發出金黃色的光芒……他的眼神憂鬱、溫柔、蘊藏的性感魅力簡直無法形容。法布利斯（指紀德自己）盯著他良久，這段漫長的時間裡，他忘了時間、地點、善惡、禮節，甚至是他自己。他懷疑藝術作品能否表現得如此完美。」

此外還有：

「前天，我有生以來第一次嘗到嫉妒的苦澀。即使想要抵抗都是徒勞無功。M在晚上十點總算回家了。我知道他在C那裡。我感覺不到我還活著，總覺得無論多麼瘋狂的事我都做得出來。也因為這一份苦澀，我明白了愛有多深。」

事實上，紀德生前跟許多同性發生過性行為。光是他旅行北非時的少年們，就有阿里、穆罕默德、阿特托曼（Atmen）；此外，他叔叔查爾斯・紀德（Charles Gide）的兒子保羅（Paul）、小他六歲的作家亨利・蓋恩（Henri Ghéon）、老朋友作家尚・胥朗貝瑞（Jean Schlumberger）的弟弟墨利斯（Maurice）等等，累計起來至少超過十個人。

但是，瑪德蓮過去不論察覺與否，她都是睜一隻眼閉一隻眼。而這帶給她多麼強烈的痛苦。或許她是為了不讓身為作家與創作者的紀德天分枯竭，將此視為必要之惡才放棄追究的吧。

然而，這次情況不同了。紀德在《田園牧人》裡曾寫到，少年之愛就是親自教育心愛的少年，不讓任何人碰觸，並且引導少年到沒有愛就到達不了的頂點，這是希臘式的理想。他與馬克之間的關係，似乎就很接近這一段形容。

他帶著馬克去旅行，讓他接觸藝術、介紹作家朋友給他認識，盡心盡力地幫助他各種層面的內在成長。沒多久馬克就成為知名的電影導演，或許這也得歸功於紀德在他年輕時所培養的藝術素養。

紀德過去所有的作品都受到瑪德蓮的影響，或者源自征服她的想法而創作。而同樣的，他也明白記述這時寫出《偽幣製造者》（*Les Faux-monnayeurs*）這部作品，也是為了贏得馬克的關注與尊敬。

他對這位少年的愛，就是如此熱情投入，幾乎可以跟妻子相提並論了。面對這樣的情況，瑪德蓮當然再也無法保持冷靜。她應該很清楚地發現到，這次的關係跟之前所有的狀況完全不同。

一九一八年六月，紀德計畫要帶著馬克去英國旅行，但在出發的前一晚，與瑪德蓮發生了嚴重爭執。「你不是獨自前往，而是要跟那個人一起去吧？」面對這樣的質問，紀德支支吾吾地想開口時，瑪德蓮卻臉色一沉：「別說了。與其聽你說謊，我寧願你什麼都別說。」

紀德在出發前留了一封很無情的信給瑪德蓮：

「我留在這裡會腐朽。我留在這裡，會喪失所有的生命力……我必須要活下去。必須要逃離這裡去旅行。我必須跟許多人邂逅，去愛每一個人，去創作。」

經年累月不斷忍耐的瑪德蓮，或許再也忍不下去了，她採取殘酷手段來復仇紀德。她趁紀德出遠門，把丈夫寫給自己的信看了一遍又一遍之後，將它們全都燒光。

回國後得知此事的紀德，在一九三九年二月的日記中回憶道：

「我哭了整整一個禮拜，從早到晚。（略）我祈禱著有天晚上她能來房間看看我，止不住地哭泣。（略）而我也期待能聽她說一句話、做一個動作。然而，她彷彿什麼都沒發生過似的，就像平常一樣做著家裡的雜務。（略）我感到我已經失去她了。我所擁有的一切，過去、現在、我們的未來，一切都垮了。從今以後，我已經無法再體會我的人生了。」

紀德說，瑪德蓮這時候是這麼對他說的：

「那對我而言，曾是全世界最重要的東西。」

「在你走後，我待在被你留下來的大房子裡，無依無靠，不知道該怎麼辦，也不知道以後會變得如何，覺得自己孤苦伶仃……一開始我只覺得自己要死了。沒錯，心臟真的好像要停止了。（略）我想著一定要做點什麼，於是燒了你的信。在燒之前，我把它們看了一遍又一遍……」

然後，她又說了一遍：「那對我而言，曾是全世界最重要的東西。」信件被燒，紀德似乎認為自己是受害者，但導致這一切結果的不是別人，正是他自己。

自那之後，瑪德蓮娜彷彿要給紀德最殘酷的報復一般，活著卻走向慢性自殺一途。她的行徑確實有如自殺。她每天都專注在做家事及勞動上，不在乎紀德曾經那麼喜愛的美麗雙手變粗糙；也不再打扮自己，不在乎自己的外表如何；彷彿不再需要任何人愛似的，也不再去愛任何人。紀德的同性戀傾向，很殘酷地扼殺了一名女子的人生與愛情。

瑪德蓮放棄自我的結果，就是晚年變得駝背，腳也長了靜脈瘤，已經是半個病人了。兩人到諾曼第旅行時，看著由兩名女侍攙扶著搖搖晃晃走在前方的妻子，紀德胸中再度充滿痛苦悔恨，而湧出了淚水。這是他一手造成的。讓妻子放棄自己人生的，就是他。

當紀德在飯店大廳，服務生前來喚他：「貴賓，您的母親已經在馬車上等您了。」

這時的瑪德蓮已經蒼老到讓人誤以為她是紀德的母親了。

Chapter 5

因愛欲
而扭曲人生的
男人

十九世紀至二十世紀 II

少年時同性的肉體關係是「純潔」，但成年後就是「敗德」 普魯斯特①

《追憶似水年華》（*À la recherche du temps perdu; In Search of Lost Time*）的作者馬塞爾・普魯斯特是同性戀者，在現代是眾所周知的事，經常有人說在他小說裡出現的女性，都是他曾愛過的男人的影射。也經常有人會去找這些角色影射誰，例如阿爾貝蒂娜・西蒙納（Albertine Simonet）的原型究竟是什麼人等。

普魯斯特經常出入上流社會，跟許多美貌、才氣與家世兼備的貴婦有所往來，有時候會送她們花或在路上等待她們，甚至上演活生生的爭風吃醋戲碼。

但這些事某種程度上，也可說是掩飾自己是同性戀的手段。他所屬意的女性，大多都是比他年長許多且相當成熟的已婚夫人。例如，朋友的母親、沙龍盛行時期的人氣寵兒、父親的情婦（雖然普魯斯特並不曉得），以及當時頗負盛名的娼妓。

經常有人說天生的同性戀者，多半對年齡與母親相當的女性抱有愛慕之意的傾向。尤其對普魯斯特而言，他的母親可能是他一輩子最愛的人，而且若把已婚婦女或娼妓當成戀愛對象，更不用擔心後續會有結婚等麻煩的問題了。

馬塞爾・普魯斯特生於一八七一年，是法國巴黎富裕家庭的長男。父親亞德里安・普魯斯特（Adrien Proust）是當代著名醫學教授，曾針對霍亂提出劃時代的衛生方法與檢疫運動，因而獲得法國榮譽軍團勳章。

母親珍妮・威爾（Jeanne Clémence Weil）的父親是巴黎股票交割員，有一個做了一輩子上議員、最後甚至獲得國葬的叔公。普魯斯特就在典型的資產階級家庭中，與一個弟弟度過了富裕少年時代。

普魯斯特一出生就體弱多病，甚至一度讓人憂心他能否順利長大。他的聯絡簿裡滿滿的缺課紀錄，還因出席上課天數過少而成績不及格。自從九歲時第一次氣喘發作之後，就被這種疾病困擾終生。

不過，雖然常常請假，他還是勉強上學。十七歲時就讀康多賽中學（Lycée Condorcet），那是所知名的貴族學校，他在那裡與《卡門》作曲家喬治・比才（Georges Bizet）的兒子雅克・比才（Jacques Bizet）墜入情網。

當時的普魯斯特曾希望與比才有進一步的肉體關係，但遭到拒絕，他寫道：

「我想或許你是對的吧。可是，我若無法摘下不久之後我將搆不著的芬芳花朵，那是多麼悲傷的事。畢竟眼下它已經成為禁忌的果實了。」

不知為何，普魯斯特似乎認為只有少年的同性性關係是純潔的，成年之後的這種性關係就會變成「敗德」。

對於當時普魯斯特心目中理想的愛情形式，他的朋友丹尼爾・哈萊維（Daniel Halévy）如此描述：

「他無法忍受彼此分開的距離，讓對方坐在膝蓋上，讚美彼此的肉體，稱呼彼此為『親愛的』，還交換情書。雖然絕對不會有性行為，但兩人都沉溺在愛裡，為彼此自慰……」

而普魯斯特很肯定地認為，兩人之間的這種愛情比普通的愛情還純潔。

同性性行為中所需要的是窺視、冒瀆與性虐待狂　普魯斯特②

而關於普魯斯特的性倒錯（sexual iriversion），有一則幾乎每個傳記作家都會提到的小故事。這也是作家莫里斯・薩克斯（Maurice Sachs）在他的自傳性小說《安息日》（*Le Sabbat*）裡，所提到的故事。

有一次薩克斯來到巴黎一間掛著公共浴場招牌的祕密男妓院。坐在櫃檯前的，是五十歲、禿頭，有著瘦削臉形、薄唇，以及日光銳利的藍眼珠的妓院老闆阿爾伯特・勒・庫西亞（Albert Le Cuisia）。

阿爾伯特年輕時，帶著布列塔尼士教的介紹信來到了巴黎。當時的他是個金髮清瘦的美少年，不僅善於交際，還有著受人歡迎的個性。他利用自己的美貌，首先成為D公爵的男僕，接著又成為R公爵宅邸的男僕。

普魯斯特是在R公爵的家裡認識他，被他的俊秀外貌所吸引。普魯斯特並將他寫進《追憶似水年華》中的《尋回的時光》（*Le Temps retrouvé; Time Regained*）這卷裡。書中與夏呂斯男爵（Baron de Charlus）有著同性戀情的裁縫師絜比安（Jupien）所經營，專做性虐待服務的男妓院，據說就是以阿爾伯特經營的男妓院為原型。

阿爾伯特對於所謂的貴族有著異常的偏執，會徹底調查有關於貴族的一切。像是貴族的起源、紋章、姻親關係，甚至隱晦的私生活或怪癖、男女關係等。

他出身於身分低微的農民，卻能夠自由出入貴族世界，是因為他專精通曉檯面下的世界，並且提供了相關服務。他自己成為貴族的情夫，也居中斡旋將美少年帶給貴族。

而據說普魯斯特還資助阿爾伯特在波西唐格拉街（Boissy d'Anglas）開了一家男妓院，並提供許多件家裡代代相傳的古董給這家妓院做為裝飾。把繼承自父母的家具捐給男妓院……某種程度上，不也是一種褻瀆行為？

當時的普魯斯特很頻繁地造訪此地，興致勃勃地從偷窺孔偷看平日總在社交界見面的貴族們，卸下日常矯揉造作的舉止，徹底展露醜惡情欲的樣子。

說起展露卑劣情感，普魯斯特也在某些地方流露出平常看不到的另一面。例如，有一次他與阿爾伯特經過一家肉鋪時，向店員提出請求，說想看看宰殺牛隻的情況。或是，讓人拿來放在籠子裡的活老鼠，叫人用帽上別針刺死牠們，雖然感到驚恐卻又兩眼發亮的看得目不轉睛。他厭惡老鼠（更正確地說是有恐懼症）似乎也是眾所皆知的事。

此外，他還會帶著一個裝有（他平常交際應酬的）貴婦們照片的大盒子到店裡，（事先交代好）讓餐廳服務生或肉鋪店員把裡面的照片一張一張地拿起來大聲問：「咦？這個妓女是誰？」他聽了就會很高興。

還有一件軼事，就是他會在做愛時朝母親的照片吐口水，並且用下流的話咒罵褻瀆她。這多少也反映出他對母親的異常情結吧。

普魯斯特曾經對安德烈・紀德說過，他必須滿足了各種奇特條件才能達到性高潮，所以這些八卦傳聞肯定也不是憑空出現的。

窺視、褻瀆，以及性虐待狂……這些或許都是普魯斯特在性行為中不可或缺的要素。

與前途光明的作曲家萌生浪漫愛情　普魯斯特③

普魯斯特從康多賽中學畢業後，前往巴黎自由政治學堂（Paris Institute of Political Studies）就讀。接著讓普魯斯特感興趣的人，是後來成為弗萊爾侯爵的喜劇與短劇作家羅伯特・德・弗萊爾（Robert de Flers），以及當時紅極一時的作家阿爾豐斯・都德的兒子呂西安・都德（Lucien Daudet）。

普魯斯特與這兩人在一八九二年前後拍的一張合照，留存至今。照片中三人的合影姿態相當耐人尋味。在釦眼上別著一朵花的普魯斯特坐著，身後站著打上波希米亞風格絹絲領結的弗萊爾，而另一側站著呂西安。呂西安一隻手搭在普魯斯特肩上，另一隻手則彷彿彈奏豎琴般懸在半空中，並痴迷地望著普魯斯特。

普魯斯特的母親看過這張照片之後，對三人之間流露的異常氣氛感到厭惡，尤其化了妝、戴花稍領帶的呂西安更是讓她大感震驚。她嚴厲地命令普魯斯特絕對不可以讓別人看到這張照片，甚至要求燒毀。

普魯斯特經常出入瑪蒂爾德公主（Princess Mathilde Bonaparte）[1]所主持的沙龍，逐漸在社交界嶄露頭角，在一八九三年二十二歲時，認識了知名的羅伯特・德・孟德斯鳩伯爵（Robert de Montesquiou）。孟德斯鳩伯爵當時三十七歲，他於對自己的貴族豪門出身相當自豪，跟魏崙及史蒂芬・馬拉美（Stéphane Mallarmé）等知名藝術家都有往來，是當時社交界的耀眼寵兒。

普魯斯特看準了只要能迎合這名貴族，就能一登龍門進入法國任何一個社交界，於是不斷地灌孟德斯鳩伯爵迷湯。普魯斯特不僅把孟德斯鳩伯爵與法國的古典戲劇之父、十七世紀的劇作家皮耶・高乃依（Pierre Corneille）相提並論，還寫信讚美他「您不只是個過客，而是位永遠的領導者」。

隔年一八九四年，普魯斯特認識了作曲家雷納多・漢恩（Reynaldo Hahn），之後與他維持了兩年的戀人關係。當時的漢恩十八歲，母親是委內瑞拉人，父親是德國猶太人。五歲時學會彈鋼琴，八歲時會作曲，十歲進入巴黎音樂學院就讀，十三至十八歲這段期間寫出了他的代表作曲子，是個真正的天才。

兩人的關係發展迅速，每次他們一起出現，每個人都看得出他們是一對情侶。孟德

1 法國皇帝拿破崙一世（Napoleon I）的姪女，政界名媛。普魯斯特也把她寫進《追憶似水年華》第二卷《在少女花影下》（*In the Shadow of Young Girls In Flower*）中一角。

斯鳩伯爵稱呼漢恩是普魯斯特的弟弟，瑪德蓮・勒梅爾夫人（Madeleine Lemaire）則在路維翁（Réveillon）的宅邸招待了漢恩與普魯斯特。要離開之際，漢恩還留了一封信給夫人。

「您真是位非常寬容的人。願意跟兩名怪異的年輕男子往來，像這麼隨心所欲的事，無論是什麼樣的女性、什麼樣的知名藝術家，都不可能像您這樣包容我們吧。」

在此同時，海峽對岸的奧斯卡・王爾德正因為同性戀的罪名遭到逮捕並懲罰服勞役，從這一點看來，夫人的寬容確實讓人吃驚。

為了崇拜英國藝術評論家約翰・拉斯金（John Ruskin）的普魯斯特，漢恩在一九〇二年為他作了一曲〈繆斯女神哀悼拉斯金之死〉（Les Muses pleurant la mort de Ruskin）。而相對的，普魯斯特也把他新寫好的小說《巴達薩・西凡德之死》（*La Mort de Baldassare Silvande*）獻給漢恩。

在愛得最濃烈的時期，普魯斯特寫了這樣的信給漢恩：

「如果我能獲得你在世上想要的一切東西，我會毫不猶豫地獻給你。如果我能夠成為你讚美的所有藝術作品的作者，我就能將它們奉獻給你了……」

孩提時代，普魯斯特上床睡覺時總會等著母親來親吻他，但無論他怎麼催促忙著接待客人的母親，也等不到一個晚安吻。而這個難過回憶成了真實體驗的一環，被他寫進《追憶似水年華》裡，這件事也頗為有名。或許在某種程度上，對普魯斯特而言，母親是超越戀人的存在。

還有一則耐人尋味的小故事。有一次他與母親去杜維爾（Trouville）的飯店住，母親先行離開後，他就想找漢恩來慰藉自己。

他催促了漢恩好幾次，還補充寫道：

「請你盡快回覆。不要讓我等得心浮氣躁，希望你別寫完給我的信之後先擱在口袋整整一個禮拜。因為你寫來的信不僅要花十二小時，而是要花上四天才能寄達。」

普魯斯特當時所感受到的，或許就是他這輩子的心理陰影，被心愛的人拋下不管的那種不安。母親都已經先離開了，重要的漢恩還不來。普魯斯特痴痴地等待，夜不成眠直到天亮，沒辦法悠閒散步，也無法靜心工作。

然而，就在幾次的吃醋及情侶吵架之後，兩人的愛情忽然就走到了盡頭。雖然我們不清楚決定性的原因是什麼，但在某個社交界聚會的晚上，普魯斯特說好了一起回家，漢恩卻留下吃宵夜而沒回去。隔天早上，漢恩就收到了普魯斯特充滿憤怒的信件：「再也不擔心會使我痛苦的雷納多，就連夜歸造成我傷痛都能無所謂的雷納多。當我只能記得雷納多這樣的一面時，就沒有什麼能夠壓抑我想做的事，也沒有人能夠阻止我了，這一點你明白嗎？」

他渴望的是毫不隱瞞、什麼事都要告訴自己，什麼都要交給他。這和普魯斯特對母親所索要的，絕對付出不求回報的愛非常相似。他是否永遠都在向戀愛對象索求，猶如父母對孩子投注不求回報的愛，卻總是求不到，才會一直如此痛苦呢？

兩人在一八九六年的夏天開始，不僅很少見面，也很快就中斷了書信往來。

雖然普魯斯特對此事感到痛苦悔恨，但至少提出分手的是他而不是對方的這個事實，多少安慰他一些。事實上，在跟漢恩分手的那段時期，他已經準備開始下一段戀情了。

以決鬥來展現男子氣概的同性戀者　普魯斯特④

這次的對象是十七歲的呂西安・都德，比普魯斯特年輕七歲，是當時知名作家阿爾豐斯・都德的次子。呂西安有著削瘦、線條優美的身形，白皙、如女子般秀氣的容貌，以及盯著看就彷彿會被吸進去的黑色大眼睛。

呂西安非常愛慕虛榮，對貴族社會極為憧憬，曾說過如果能將他的姓氏Daudet改成D-audet（姓氏前加上de是法國貴族的標誌[2]），就算要他拿父親全部的著作去交換也在所不惜。

他既時尚雅痞，對藝術的造詣也很深，但做任何事都只有三分鐘熱度，沒有辦法堅持到最後。當作家無法超越父親，做為畫家也無法超越家族朋友詹姆斯・惠斯勒

2　de，相當與於英語的「of」，在人名裡有「源於」或「屬於」某個家族之意，在法國大革命之前，是貴族的標示，具有區分平民與貴族的作用，但在法國大革命後，就沒那麼嚴格要求。

（James Abbott McNeill Whistler）。

不管怎麼說，普魯斯特與呂西安的關係，就像他與漢恩的關係一樣，一開始都熱烈地燃燒著愛火。普魯斯特寫給呂西安的信，在一八九五年十月內容開頭是「我親愛的朋友」，隔年元旦是「親愛的呂西安」，後來在那個月底就變成了「我可愛的呂西安」。

與呂西安的愛情，在普魯斯特的人生裡引起了一場決鬥騷動。當時的小說家兼惡名昭彰的八卦報導作家尚・羅蘭（Jean Rollin），在一八九七年二月三日的《今日報導》（*Le journal*）寫了一篇中傷報導。當時的羅蘭與孟德斯鳩伯爵是敵對關係，被視為孟德斯鳩伯爵跟班的布魯斯特也受到他的挑釁。

尚・羅蘭形容布魯斯特是「染上文學惡習的社交界奢豪大少爺之一」，認為「普魯斯特為了下次作品，看來是鐵了心打算要讓阿爾豐斯・都德替他寫序文了吧。他應該會讓都德的兒子呂西安無法拒絕他。」

很顯然就是在暗示呂西安與普魯斯特之間的同志戀情。

為了證明自己的清白，並且維護自身名譽，普魯斯特只剩下一個方法。他對尚・羅蘭提出決鬥挑戰，於是在報導之後短短三天，兩人就實際地舉行了決鬥。

下雨的午後，在當時的熱門決鬥地點默頓（Meudon）森林的波本塔（Tour de

Bourbon）。普魯斯特委託前來擔任副手的，是在勒梅爾夫人的沙龍認識的畫家尚・畢侯（Jean Béraud）以及他的好友，眾所皆知的「劍客波達」庫斯塔夫・波達（Gustave de Borda）。

相對之下，羅蘭委託的副手，是美術評論家奧克塔夫・烏贊（Octave Uzanne），他是個嗎啡成癮的人，而且在預定時間之後半個小時才臉色蒼白地姍姍來遲。

決鬥武器是手槍，兩人要從距離彼此約二十三公尺外各發射兩發子彈，但誰也沒打中誰。有人說，兩人就像在做一件很普通的事，那種氣氛看起來就不像是要賭上性命的決鬥，應該都是把手槍朝天空射擊了吧。

七日發行的報紙《費加洛》（*Le Figaro*）稱讚普魯斯特：「儘管身體瘦弱，卻非常地勇敢。」阿曼・德・卡亞維（Arman de Caillavet）夫人也寫信給普魯斯特稱讚他的勇氣，誇獎他：「**在到處都選擇原諒也不打算處罰那種無賴的膽小鬼中，勇於起身對抗的你，非常地了不起。**」

其實這不是普魯斯特第一樁也不是最後一樁的決鬥，後來他還進行了好幾次的決鬥。或許身為同性戀者，他認為決鬥是證明自己有男子氣概的機會吧。

愛上褐髮、夢幻般雙眸的俊美青年　普魯斯特⑤

不過，若是提到占據普魯斯特人生最大位置的男性，當屬艾弗列德・阿戈斯提奈利（Alfred Agostinelli）了。當時的阿戈斯提奈利在摩納哥的出租車公司當司機，一九〇七年，普魯斯特搭乘他所駕駛的出租車去諾曼第一帶進行汽車旅遊。

在那之後過了六年，一九一三年時，阿戈斯提奈利因為被出租車公司開除，於是突然造訪普魯斯特，希望他能雇用自己當司機。但是，當時普魯斯特已經雇有一名司機，因此就先讓他當自己的祕書。

事實上，這個正值二十五歲，有著褐髮與夢幻雙眸的俊美青年，正好對了普魯斯特的喜好。

阿戈斯提奈利當時已經有個名叫安娜，還未正式登記的妻子。於是，普魯斯特讓他們夫妻兩人一起住進自己家。

阿戈斯提奈利的父親來自於義大利的利佛諾（Livorno），母親是普羅旺斯出生的阿拉伯混血。跟阿戈斯提奈利生活的那段日子，可能是普魯斯特人生中最幸福的時光吧。

一開始，普魯斯特深受阿戈斯提奈利與安娜之間濃厚的愛情感動，如此寫道：「在我人生中，從未看過像他們兩人那樣如此溫柔相繫，彷彿只為了彼此而活的伴侶。」

令人意外的是，普魯斯特似乎對安娜並不感到嫉妒。或許可以說，他認為安娜也是屬於他所愛的阿戈斯提奈利身上的一部分吧。或者是因為在疾病與孤獨的人生中，安娜這名女子的存在，對普魯斯特而言在某程度上能使他心靈平靜。

但是過沒多久，他發現阿戈斯提奈利經常背著安娜與其他女性上床。同時他還有另一個煩惱，就是這對夫婦異常浪費的習性。例如給他們五十法郎，他們會花二十法郎買水果，二十法郎花在搭出租車上，才一兩天就把所有錢都花光了。

此外，阿戈斯提奈利還會寄錢給他當某男爵情婦的妹妹、當司機的弟弟、飯店服務生的異母弟弟、沒工作的父親等一干親人，但這些錢同樣都是普魯斯特給他的。當時普魯斯特就曾對管理運作他資產的銀行家抱怨道：「一旦愛上不屬於社交界一員的貧窮人，愛的苦澀會因為金錢的問題更擴大。」

另外還有一件事。一九一三年夏天，普魯斯特計畫充分享受整個夏天，於是帶阿戈斯提奈利一起前往喀布爾度假。但幾天後卻連行李都沒帶，就匆匆忙忙地跟阿戈斯提奈利回到巴黎。

傳記作家們推測，可能是阿戈斯提奈利在喀布爾的海邊打算勾搭女性。而心生嫉妒的普魯斯特為了讓他遠離那些女人，才會急忙地把他帶回巴黎。

「他妻子對阿戈斯提奈利的花心行徑並不知情，如果知道的話，說不定她會因為妒火中燒而殺了他」，普魯斯特在寫給朋友的信裡寫了類似這樣的一段話。不過，實際上因嫉妒而發狂的，以及被逼得想把阿戈斯提奈利殺掉的，或許都是他自己。

為了留住喜好美色又多情的阿戈斯提奈利，普魯斯特只能拚命地在他身上撒錢。這時候阿戈斯提奈利開始對駕駛飛機產生了興趣。剛好這時候巴黎近郊的比克鎮（Buc）蓋了一座新的飛行學校，阿戈斯提奈利因為想要學習駕駛飛機，就跟普魯斯特一起來到飛行學校。普魯斯特還在列有八百法郎學費、五百法郎保證金的飛行訓練契約書上簽了名。總而言之，他已經有所覺悟，只要阿戈斯提奈利能留在他身邊，他願意付出任何代價。

另一方面，當時的普魯斯特也因為古拉塞出版社來通知要發行著作，所以忙著《在斯萬家那邊》（*Swann's Way*）的校稿。《在斯萬家那邊》前前後後遭到法斯蓋爾（Fasquelle）、伽利瑪（Gallimard）和奧朗多夫（Ollendorff）三家出版社的拒絕，後來跟古拉塞出版社談好自付大部分成本，才總算有了出版的機會。

一九一三年十一月，《在斯萬家那邊》終於出版上市，呂西安・都德、尚・考克多、莫里斯・羅斯坦（Maurice Rostand）等人的正面書評接續刊載在《費加洛》、《喜劇》（*Comoedia*）、《上進》（*Excelsior*）等報章雜誌上。而且銷售量也超出預期，一個月內就印了三、四刷。

而之前拒絕出版的NRF書系（Nouvelle Revue française，後另立為伽利瑪出版社）的主導人安德烈・紀德也寄來道歉函表示，「拒絕出版這本書是NRF的嚴重錯誤，應該也是我這一生中最後悔的事」，同時鄭重提議要買下《追憶似水年華》其餘兩卷的版權，以及向古拉塞買下第一卷的版權。

接著該年十二月，知名詩人法蘭西斯・費穆（Francis Jammes）寄給他一封，將《在斯萬家那邊》與莎士比亞及巴爾扎克（Honoré de Balzac）相提並論的盛讚信。普魯斯特後來寫信給呂西安・都德時，這麼寫道：「**真是命運的捉弄，這封信居然是在我悲傷得差點發狂的那天收到。**」

原來阿戈斯提奈利失蹤了，帶著普魯斯特給他的飛行學校的註冊費，捲款潛逃了。

事實上，透過《追憶似水年華》的出版，終於讓世人注意到他的才華，對普魯斯特來說應該是這輩子最高興的時候，但當時他卻因為與阿戈斯提奈利之間的感情糾葛，而陷入苦惱深淵。

捲款潛逃的阿戈斯提奈利跟妻子一起前往鄰近出生地摩納哥的安堤貝（Antibes），並在那裡的飛行學校註冊報名。因震驚而亂了方寸的普魯斯特，要他的祕書艾伯特・納米亞斯（Albert Nahmias）聯繫追蹤阿戈斯提奈利的私家偵探盡量四處搜尋。

他還給阿戈斯提奈利的父親寫信，承諾對方若能說服兒子回巴黎，就每個月付他一定的酬勞。甚至還派納米亞斯前往安堤貝說服阿戈斯提奈利回來。

普魯斯特寫給納米亞斯那封長得嚇人的電報，至今仍被完好保存著。電報裡針對要如何說服阿戈斯提奈利及他的家人，做了很冗長的戰術講授。

為什麼阿戈斯提奈利要逃走，不得而知。難道是因為妻子安娜後來慢慢跟普魯斯特處得不好，才會慫恿阿戈斯提奈利離開？

還是天生就喜好女色的阿戈斯提奈利，終究還是對與普魯斯特之間的同性戀關係感到厭煩了呢？

在普魯斯特家工作的女傭莎莉絲特・阿爾巴雷（Celeste Albaret），直言不諱地形容阿戈斯提奈利是個「擁有想要快速致富的強烈野心的青年」。由此看來，應該是他感到普魯斯特能給他的，遠遠不足他所想要的，因而離開。

後來，阿戈斯提奈利與普魯斯特再度通信聯絡。阿戈斯提奈利向普魯斯特暗示了回到他身邊的可能性，更是輕易地就開口向他要錢。

普魯斯特為了讓阿戈斯提奈利回頭，不僅幫他訂購了二萬七千法郎的飛機，還有一輛幾乎等價的勞斯萊斯（推測）。《追憶似水年華》中，敘事者為了帶回阿爾貝蒂娜使用這個方法的情節，就這麼誕生了。

但是，到頭來普魯斯特的夢想還是落得一場空。一九一四年五月三十日，經過兩個月的訓練，阿戈斯提奈利出發進行第二次的單獨飛行。得意忘形的他，不理會指導主任的指揮，將飛機轉向東北方。

他在地中海上空飛行，正要進入著陸狀態時，在距離陸地幾公尺的海面上，他所駕駛的單翼機突然墜入海中。

他忘記在迴轉之前必須先拉高高度，並且加速才行。不會游泳的阿戈斯提奈利拚命地想逃出，但最後整架機體都沉入海裡了。

普魯斯特在當天就收到這起意外的通知。搜索持續進行，到了隔天早上終於把毀損的機體打撈到水面上來，但駕駛座上卻不見人影。

阿戈斯提奈利的遺族在報紙廣告上刊登溺水者的身體特徵告示，不過並不是為了找回他的遺體，而是想拿回應該在他身上的錢。

安娜因為過度絕望嘗試自殺了好幾次。普魯斯特也忘記過去兩人的不和而擔心安娜的身體，還託人懇請摩納哥親王為安娜提供援助。雖然他從阿戈斯提奈利的家人那裡得知，原來安娜是沒名分的妻子時，非常驚訝，但還是強調說：「遺孀給故人的愛，以及故人對她的心意，比許多合法夫妻還要真摯溫柔了好幾倍。」

六月七日，在距離事故現場東北方約十公里的卡涅外海，終於發現他的遺體。雖然遺體腐爛得很嚴重，但穿著卡其色上衣，戒指上刻著ＡＡ字母，而且身上還帶著普魯斯特給他的大約六千法郎的錢財。

隔天在尼斯舉辦的葬禮上，飛行學校的職員及飛行學員都出席了，而安娜在阿戈斯提奈利家人的攙扶下，走在送葬行列前頭。普魯斯特送來價值四百法郎的花圈，但據說遺族似乎很失望那些並非人造花。

「搭乘出租車的時候，滿心希望對向車道的巴士來撞死我，這種心情我總算明白了。」當時普魯斯特寫給呂西安・都德的信中如此說道。

阿戈斯提奈利的死，似乎也給普魯斯特的那部名作帶來巨大影響。一般認為書中人物阿爾貝蒂娜的原型，大部分（或部分）是來自於阿戈斯提奈利。

而原本只是配角的阿爾貝蒂娜，因為阿戈斯提奈利之死，於是被普魯斯特升格為主要角色。新加筆撰寫的《女囚》（*The Captive*）、《失蹤的阿爾貝蒂娜》（*The Fugitive*），按照傳記作家埃德蒙・懷特（Edmund White）的說法是：「完整呈現阿爾貝蒂娜與第一人稱主角的生活、失蹤，以及死亡的兩卷。」最後在阿戈斯提奈利死後八年，《追憶似水年華》的原稿量，也變成當時的兩倍厚了。

《追憶似水年華》書中同性戀者的原型　孟德斯鳩伯爵①

對普魯斯特的人格與作品產生極大影響，並且是《追憶似水年華》裡的人物——同性戀夏呂斯男爵的原型，就是詩人羅伯特・德・孟德斯鳩。

普魯斯特初次見到孟德斯鳩伯爵是在二十二歲的時候，當時伯爵三十七歲。那是一八九三年，在勒梅爾夫人舉辦的宴會中，由法蘭西戲劇院（La Comédie Française）的女伶芭堤（Julia Bartet）小姐來朗讀孟德斯鳩的首部詩集《蝙蝠》（*Les Chauves-souris*）。

孟德斯鳩伯爵來自於法國非常古老的貴族，在大仲馬（Alexandre Dumas）的《三劍客》（*Les Trois Mousquetaires*）中出現的達太安（D'Artagnan），以及知名的《評述集》

(*Commentaires*)作者德・蒙呂克(de Montluc)元帥等人，都是他的先人。

他本人對於能溯及墨洛溫王朝(Merovingian Dynasty)的家族史也非常自豪，例如他們因為跟拉羅什福科(La Rochefoucauld)、格拉蒙特(Gramont)、諾瓦耶(Noailles)等公爵家，以及布蘭卡文(Brancovan)、比貝斯科(Bibesco)等親王家族，透過聯姻而有姻親關係。並透過他們跟全歐洲擁有權勢的名門望族，都有遠親關係。

波浪頭髮、高聳彎曲的眉毛、翹翹的鬍子、瘦削又纖細的臉型。最高級設計與剪裁的衣服穿在完美的身形上，精緻並恰到好處的化妝，外觀上來看，孟德斯鳩就是個完美的雅士。

由於他認為藝術家必須把自己也當成藝術品，因此無論他的外貌或言行舉止，全都是經過計算的。他說話時會一邊揮動戴著優雅手套的纖細雙手，當談話愈來愈熱烈時，手腕會優雅轉動，聲調時高時低，宛如一名舞臺劇演員。

他會用彷彿能看穿對方般的雙眼望著人，說出辛辣的警語，或是接二連三地敘述一些耐人尋味的故事。許多穿著華服美裳的貴族及貴婦，為了不漏聽他說話總是亦步亦趨地跟在他身邊。

此外，孟德斯鳩對古董的嗜好非常專精，例如他有來自凡爾賽宮，路易十五的情婦蒙特斯龐（Montespan）夫人曾使用過，來歷不怎麼光彩的玫瑰色大理石水盤。對孟德斯鳩印象深刻的詩人馬拉美，將他的事告訴作家于斯曼（Joris Karl Huysmans），因此于斯曼便以他所聽到的為題材，寫進小說《逆流》（*À rebours*）一書中，這件事也相當有名。孟德斯鳩在他養的烏龜的甲殼上鑲嵌土耳其寶石、在地板上鋪白熊的皮再搭配雪橇，將房間布置成雪景，這些全都是真實的事情。

孟德斯鳩讓當時社交界的人們都為之傾倒，普魯斯特很快地也成了他的崇拜者。而且孟德斯鳩似乎也跟普魯斯特一樣，是一名同性戀者。

他的祕書加百列・伊都里（Gabriel Yturri），可能是他這輩子最愛的人。

伊都里在一八六四年出生於阿根廷，十五歲的時候來到巴黎。在百貨商行的領帶賣場工作時，被杜森（Doasan）男爵相中成為他的祕書，但沒多久孟德斯鳩就把他搶走了。一直到他在一九〇五年死去之前的大約二十年內，伊都里一直都是孟德斯鳩最忠實的朋友，我們姑且不論他們是否發生過性關係，他就是孟德斯鳩投注濃烈愛情的對象。

孟德斯鳩雖然繼承了父母的龐大財產，但為了維護奢華的大宅、收集古董，以及不斷舉辦的盛大宴會，還是必須經常向人借錢。「光是想到缺錢就覺得心煩，必須要禁止自己擁有什麼，這點光是想像我就無法忍受。」這是孟德斯鳩的口頭禪。

對孟德斯鳩非常著迷的普魯斯特，直接送花給他，伯爵也為此回贈普魯斯特《蝙蝠》的精裝版。而且由於普魯斯特表示想要收藏他的照片，伯爵也送給他一張寫著「我是隨時間而逝的王者」的簽名照。據說異常自戀的孟德斯鳩，在攝影師面前至少擺過兩百次的姿勢了。

自此之後直到孟德斯鳩去世的二十年間，普魯斯特與孟德斯鳩開始有來往。一開始，普魯斯特每週會寫一兩次的狂熱讚美信給孟德斯鳩。

「在缺乏思考與意志、換句話說毫無天分的這個時代，只有閣下在冥想與活力兩種能力上是如此傑出。那些過往的活力與創造性，甚至是十七世紀風格的知性，想來是絕不可能達到像您這樣高雅至極的程度吧。」

普魯斯特的稱讚不盡然是謊言，但不管是無心還是有意，他的盤算應該是想跟孟德斯鳩更親近，才能接近更高級的上流社會。

而孟德斯鳩雖然非常任意妄為且難以取悅，他還是慷慨地捐助並成為藝術或藝術家的贊助者。例如，馬拉美、于斯曼、維利耶・德・利爾阿達姆（Auguste Villiers de l'Isle-Adam）、居斯塔夫・莫羅（Gustave Moreau）、龔古爾（Edmond Huot de Goncourt）、鄧南遮（Gabriele d'Annunzio）等人，都是他提供援助的藝術家。因為孟德斯鳩的性格如此，那麼要回應年輕的普魯斯特其狂熱的讚美，想必也不會太小氣。

不過，普魯斯特為迎合孟德斯鳩所採取的手段實在太過明顯，當一九三〇年兩人之間往來的大量信件出版成書時，就有人認為普魯斯特是個馬屁精，也些微損及他的形象。

向伯爵力薦有才華的鋼琴家　孟德斯鳩伯爵②

普魯斯特為迎合孟德斯鳩而採取的手段之一，就是將當時剛認識的十九歲年輕鋼琴家萊昂・德拉弗斯（Léon Delafosse）介紹給孟德斯鳩認識。也有人說美貌與魅力都不受孟德斯鳩垂青的普魯斯特，是將德拉弗斯當成自己的替身引薦給他。

萊昂・德拉弗斯是個音樂天才，七歲時舉辦了他第一場獨奏會，十三歲獲得巴黎音樂學院的一等獎。他正在尋求有力的贊助人，因此為孟德斯鳩《蝙蝠》中的三篇詩篇作曲，普魯斯特認為那些曲子非常有趣，因此向孟德斯鳩推薦他。

孟德斯鳩非常喜歡這名俊美的鋼琴家，在接下來的三年，只要是他主辦的藝文活動一定讓德拉弗斯參加，還在一八九七年幫他開了獨奏會。孟德斯鳩就是想要獨占這名鋼琴家。

德拉弗斯有著一頭金髮，白皙透明的肌膚，俐落端整的臉龐，普魯斯特都喚他作「天使」（L'Ange）。

孟德斯鳩與德拉弗斯的關係維持了三年。後來孟德斯鳩回憶道：「這三年間，德拉弗斯已經成為我生活的一部分了。」德拉弗斯自己也說：「我已經將自己的才能完全獻給您，我的才能在為您展現的時候，總是能表現得更加完美。」

然而，就在德拉弗斯開始大受歡迎，跟布蘭卡文親王家交情變好且能自由出入其宅邸後，心生嫉妒的孟德斯鳩便提出絕交。布蘭卡文親王妃是那位著名的帕德瑞夫斯基（Ignacy Jan Paderewski，波蘭的知名鋼琴家）的好朋友，她本人也是位優秀的鋼琴家。

之後，孟德斯鳩即使與德拉弗斯擦身而過，也會裝作完全沒看見。他的理論是：「十字架經過路上時，碰上它的會去向它致意，但你應該要期待十字架回禮嗎？」

無論如何，姑且不論德拉弗斯這個獻禮是否奏效，五月在孟德斯鳩家舉辦的豪華宴會，開啟了普魯斯特劃時代的前景。

之前，普魯斯特與孟德斯鳩一直維持著客氣生疏的距離，儘管普魯斯特暗示著希望對方介紹給他如葛夫樂（Greffulhe）伯爵夫人或雷恩公爵夫人等「沙龍界話題的貴婦們」，孟德斯鳩也從不當一回事。

但這一次的宴會無論經過幾十年，仍會因為史無前例的氣派，而成為社交界茶餘飯後的話題。按照孟德斯鳩的說法，這是為了知名女演員莎拉・伯恩哈特，以及當時她的情人所舉辦。他的情人名叫楊・尼坡，是來自布列塔尼的水手，那天由他負責朗讀詩篇。

當德拉弗斯坐在鋼琴前開始用他魔術師般的手指彈奏蕭邦及李斯特等華麗的曲目時，參加的眾人這時才明白，事實上這場宴會是為了德拉弗斯而舉辦。

而這時候，聖日耳曼新區（Faubourg St-Germain）裡最封閉的貴婦沙龍，也為普魯斯特敞開大門。例如，菲茨詹姆斯（de Fitz-James）公爵夫人、拉羅什福科公爵夫人、布蘭卡文親王夫人、比貝斯科親王夫人、赫維聖德里文（D' Hervey de Saint-Denys）侯爵夫人，以及葛夫樂伯爵夫人（她也是孟德斯鳩的表姊妹）等等。後來葛夫樂伯爵夫人為普魯斯特作品中，有關蓋爾芒特公爵夫人（Duchess de Guermantes）及蓋爾芒特親王

（Prince de Guermantes）形象，提供了重要參考。

普魯斯特陶醉於其中。他鉅細靡遺地記錄下共聚一堂的貴婦們身上的服飾與珠寶打扮，在宴會結束後，立刻以〈凡爾賽宮的一場文學饗宴〉（Une fête littéraire à Versailles）為題寫了一篇文章，並帶到《高盧人報》（*Le Gaulois*）編輯部，想要當成隔天八卦專欄的報導。

隔天早上，貴婦們應該會讀到普魯斯特稱讚她們美麗的投稿，而她們寄出的邀請函接二連三送達，不過是遲早的事。普魯斯特就這樣藉由孟德斯鳩，獲得了真正踏入豪門社交界的門票。

立下「這輩子都會把身心奉獻給您」誓言的男祕書

孟德斯鳩伯爵③

儘管孟德斯鳩短暫地迷戀上鋼琴家，在他人生中最愛的男人，還是祕書伊都里。伊都里離開杜森男爵的身邊，成為孟德斯鳩的祕書，並住進他家之後，便立誓說：「我這輩子都會把身心奉獻給您。」自此之後，無論何時何地，他都宛如影子般隨侍在孟德斯鳩身邊。

伊都里是個俊美又有魅力的青年，當然也有像拉羅什福科公爵這樣的人，會輕視他的出身。於是，孟德斯鳩為青年取個貴族稱號，向來參加宴會的賓客介紹他叫做唐・加百列・德・伊都里。

也有說法認為，孟德斯鳩會一腳踏入同性戀的世界也是因為他。伊都里從小就染上同性戀世界的色彩，對巴黎的男妓院也瞭若指掌，經常把那裡的故事講給孟德斯鳩聽。

服侍孟德斯鳩十八年之後，伊都里的健康開始出現問題。當時認識的醫師告訴他，他身上有一股腐爛蘋果的味道。原因就是丙酮，那是糖尿病的徵兆之一，而當時的糖尿病是一種不治之症。

一九〇五年六月，伊都里開始出現糖尿病末期症狀之一，呼吸困難，孟德斯鳩把「繆思館」裡通風最好的房間給了他。從房間露臺可以看見下方的大馬路，而伊都里就在房裡穿著睡衣蜷縮著，用乾瘦的手拿扇子搧風，還對來探病的客人抱怨道：「伯爵讓我像隻狗一樣在這裡等死呢。」

可是，孟德斯鳩是有他的理由的。當探望伊都里的客人要離開時，孟德斯鳩就在房間外以不讓伊都里聽到的聲音告訴客人：「為了不讓他覺得自己就快死了，我都穿得很正式假裝要正常出門。但是我出門他會感到憤恨，我留在家裡他一樣憤恨啊。」

七月五日下午，伊都里感覺到自己大限將至，據說他環顧了身邊大量古董一圈後，氣若游絲地對主人說道：「我很感謝您。您教會我如何欣賞理解美麗的事物……」之後過沒多久他就陷入昏迷，隔天早上四點，在孟德斯鳩的陪伴下撒手人寰。

後來克萊蒙－坦納瑞（Clermont-Tonnerre）夫人如此寫道：

「他啜泣著，無力地坐倒在地，見到他如此悲傷，我也只能沉默地看著他的悲痛無計可施。『即使以後回到家，也只剩下這頂小小的帽子了……只有這頂空洞的帽子……』他說，抬起頭雙手覆著臉。」

這是驕傲無比的男人首次露出自己脆弱模樣的瞬間。孟德斯鳩是如此深愛伊都里，伊都里也回應了伯爵的期待。

在伊都里死去之後，稍微能慰藉孟德斯鳩的，就是認識了來自義大利的劇作詩人鄧南遮。為兩大女演員莎拉・伯恩哈特與愛蓮諾拉・杜絲（Eleonora Duse）寫劇本的鄧南遮，是當時巴黎沙龍的風雲人物。

孟德斯鳩與瀟灑不羈的鄧南遮、在一八九八年訪問巴黎的俄派芭蕾創始人謝爾蓋・迪亞基列夫（Sergei Diaghilev），還有陪伴他的行事風格獨特的猶太女演員伊達・魯賓斯坦（Ida Lvovna Rubinstein）……這些名人的相遇，後來催生了神劇《聖塞巴斯蒂安的殉教》（Le Martyre de Saint Sébastien）的名作。

初次看見伊達是在《天方夜譚》（Scheherazade）的舞臺上，孟德斯鳩立即迷上了她平坦的前胸與有如少年般纖瘦的肢體。這不正是自己年輕時一直渴望的雌雄同體嗎？

於是，這個不吃比司吉、不喝香檳、穿過一次的衣服就不再穿，來自猶太超級富豪家庭的古怪女演員，開始與孟德斯鳩出雙入對現身在巴黎美心餐廳（Maxim's）。接著，孟德斯鳩又將伊達介紹給鄧南遮，鄧南遮了解孟德斯鳩的意思，也計畫寫一部由伊達主演的劇本。

喜悅到忘我的孟德斯鳩，看過鄧南遮所寫的法語劇本原稿，替他訂正錯誤、帶領負責舞臺設計的萊昂・巴克斯特（Leon Samoilovitch Bakst）參觀羅浮宮美術館，替他介紹古代拜占庭的藝術。孟德斯鳩也親自指定由克勞德・德布西（Claude Achille Debussy）擔任舞臺劇音樂創作，也數次去參觀舞臺劇排演。

在纖瘦的裸體上穿著甲冑的伊達，宛如妖異的雌雄同體化身。殘虐暴君扭曲的愛情，只能藉由殺害塞巴斯蒂安才可以得到滿足。而塞巴斯蒂安妖豔的美麗，讓他淪為活祭品般的殉教者。這簡直就是將世紀末頹廢美學集大成的一部作品。

舞臺劇成功圓滿落幕，也成了鄧南遮的代表作之一。

但這也是孟德斯鳩伯爵榮耀的頂點，之後他迅速地遭到時代遺忘。潮水退去之後，人們也逐漸離開他，過去曾被視為他魅力的傲慢、造作、動不動就搬出先人榮耀來自誇的習慣，也一一變成招致反感的理由。

儘管如此，為了取回舊日的光彩，孟德斯鳩還是奮力一搏做最後的嘗試。他在做為最後居處的薔薇宮殿中，舉辦讚揚詩人魏崙的祭宴。

他將魏崙的肖像放置在盛大的火把圍繞之中，外燴廚師準備了三百人份的自助餐點，草地上已經有交響樂團待命，臨時雇用的男僕們全都穿著絲製男侍生服裝聚在一起。一切都準備就緒。

但是滿懷期待地等了半天，受邀的客人就是沒到。不僅如此，電話還響個沒完，賓客不斷地來電詢問。

「祭宴真的有舉辦嗎？」

「可是我聽說停辦了啊。」

「沒這回事，有舉辦喔！」

出乎意料的電話讓孟德斯鳩不由得提高嗓音。「您說什麼呢！您這麼說太奇怪了！」

最後從某位賓客的電話中他才弄清楚，今天的《費加洛報》上刊登了祭宴停辦的通知。應該是某個人的惡劣玩笑。傍晚五點，總算開始有稀稀落落的幾輛車抵達。已經穿好戲服的女演員們幾乎已失去耐心，穿著男侍服裝的男僕們大多只能呆站在無人的階梯上無事可做。

在賓客寥寥無幾的空曠會場中，交響樂團演奏音樂，女演員們賣力演出。然而，孟德斯鳩直到最後一直保持著冷靜。當時的他，或許已經徹底知道自己的時代結束了。

同性戀男爵的原型究竟是誰？ 孟德斯鳩伯爵④

說到這裡，很多人認為在《追憶似水年華》裡的同性戀夏呂斯男爵，原型就是孟德斯鳩伯爵。

書中一幕具衝擊性的場景，許多讀者應該很難忽略：這位過去在社交界呼風喚雨，首屈一指的雅士，在男妓院中被鍊子縛住，任由年輕男妓使勁鞭打，哭叫著「饒了我吧！」的情節。

夏呂斯男爵確實有許多層面跟孟德斯鳩伯爵很相似。異常地喜愛誇耀自己的家世，對身分比自己低微的年輕男子執著，儘管對美感有著少見的敏銳度卻無法成為真正藝術家等等。

《追憶似水年華》出版時，在可能被深究角色原型問題時，普魯斯特先下手為強地對孟德斯鳩說明，夏呂斯男爵主要的原型是參考「歐貝儂家沙龍的常客，有兩三次在晚餐宴中見過面」的杜瓦桑（d'Oisans）男爵，除此之外，自己書中的登場人物都是事先設計好，是純粹原創的角色。

孟德斯鳩表面上似乎接受了他的解釋，但還是寫信給普魯斯特說：「無論在我的作品或我的人生中，都不斷遭到愈來愈深的孤獨陰影所包圍。」又寫信給其中一名朋友說：「當那套書第三卷出版後，我受到非常大的打擊，不禁跌坐在地。」

而這段時間內，夏呂斯男爵其實就是孟德斯鳩的傳言也慢慢傳開來，感到心痛的普魯斯特寫信給熟人說道：

「在社交界，沒有人質疑我這件事，實際上，我也結識了很多算是性倒錯的人。然而，我認識孟德斯鳩伯爵幾十年來，無論是他宅邸內的還是群眾間，肯定沒有人認同那角色是在影射他。」

接著又寫道：

「可是，他肯定認為我在影射他吧。聰明如他完全沒有在我面前表現出來，但他信件中展現的溫柔，還是令我感到痛苦。」

最後，孟德斯鳩在一九二一年十二月十一日，因尿毒症在孤獨中走入另一個世界。他的葬禮在凡爾賽省的聖伊莉莎白教堂舉行，但因為晚年時跟許多貴族不和，來參加葬禮的重要人物，僅剩下克萊蒙－坦納瑞公爵夫人、諾瓦耶公爵夫人、伊達・魯賓斯坦等人。

最終，他在那次徹底失敗的大型宴會打擊下，再也無法重新振作。後來他被葬在凡爾賽鎮的戈南公墓（Cimetière des Gonards），就在等待他到來的心愛伊都里旁邊。

需要具社會影響力人士保護的舞神　尼金斯基①

有舞神美譽的世紀級芭蕾舞者瓦斯拉夫．尼金斯基（Vaslav Nijinsky），於一八九〇年在俄國基輔出生，父親是才華洋溢的芭蕾舞者，母親也畢業自華沙大劇院創立的舞蹈學校。他的哥哥名叫史坦尼斯拉夫（Stanislav），妹妹名叫波妮薩娃（Bronislava）。

在尼金斯基小時候，父親就拋下家庭跟年輕的芭蕾舞女伶私奔了。母親接家庭手工來做，在貧窮環境中養育三個孩子。

一九〇〇年尼金斯基十歲，在一百五十人中雀屏中選，進入聖彼得堡的皇家芭蕾舞學院就讀。他在校內逐漸嶄露頭角，所有的課程都表現得很優異，甚至授課老師在他畢業前告訴他，已經沒有什麼好教給他的了。

就學期間，就被拔擢登上基洛夫劇院（Mariinsky Theatre，現稱馬林斯基劇院）的舞臺，深受感動的觀眾的掌聲持續不斷。隔天，聖彼得堡的知名評論家維爾托夫（Vertov）寫道：「這名少年總有一天將會凌駕於全世界所有舞者之上。」

尼金斯基最為精湛的舞藝，就是不受地心引力束縛的跳躍。在呼吸同時輕盈地向上躍起，據說甚至可以短暫停留在半空中。不過，天才常有的毛病他也有，他的日常生活能力非常低下，連火車票都不會買。

這樣的他要以芭蕾舞者的身分站穩舞臺，就必須有個可以支持他的人，將他的才能發掘到最極限，並替他宣傳知名度。這個人就是徹底改變他人生的謝爾蓋・迪亞基列夫。認識了他之後，尼金斯基的才華超越了國界，在全球大放異彩。

迪亞基列夫在一八七二年出生於諾夫哥羅德（Novgorod）。父親貴族出身且是陸軍將軍，是個熱忱的音樂愛好家，母親也是名音樂家。繼承了母親龐大遺產之後，迪亞基列夫成為俄國藝術活動的中心人物，他的工作是專門引進國外的繪畫及音樂，也將俄國的繪畫、音樂介紹到國外去。

在這個領域獲得極大的成功之後，迪亞基列夫的重心逐漸從繪畫轉向音樂、芭蕾舞劇。

一九〇七年，從皇家芭蕾舞學院畢業的尼金斯基加入基洛夫劇院的芭蕾舞團。大富豪兼芭蕾愛好家帕維爾・洛夫（Pavel L'vov）公爵成為他的贊助者，但不到一年他就失去興趣，將尼金斯基轉讓給迪亞基列夫。

當時，天生的同性戀者迪亞基列夫因為情人狄米崔（Dmitry）被女人搶走，正陷入失意的谷底。認識尼金斯基，簡直可以說機會來得正是時候。

當年的迪亞基列夫有著極強烈的野心，他以監製的身分，想將水準居於世界之冠的芭蕾舞帶往巴黎。因此，迪亞基列夫創辦的「俄羅斯芭蕾舞團」（Ballets Russes）正式登場。迪亞基列夫非常賞視尼金斯基所擁有的絕世才華，將他做為自己舞團的臺柱。

迪亞基列夫要求尼金斯基前來當時他居住的歐洲飯店找他。尼金斯基後來寫下當時的心

拍攝於一九〇九年的尼金斯基。儘管是天才舞者，仍需要擁有社會影響力的保護者

情：「**我討厭他那充滿自信的聲音，但還是去了。（略）雖然我不喜歡他，但一想到不這麼做，母親跟我都會餓死，也就不能把情緒表現出來。**」

尼金斯基不是天生的同性戀者，但他明白自己區區一名芭蕾舞新人，沒有其他生存之道，只能接受有社會影響力的人保護。

兩人關係加深的契機，是在一九〇九年的巴黎公演。當時尼金斯基得了傷寒，為了發高燒難受且全身起疹子的尼金斯基，迪亞基列夫恭恭敬敬地去請來了皇室御醫波特金（Eugene Botkin）。

對著躺在病床上心裡害怕極了的尼金斯基，迪亞基列夫提出同居的要求。當時尼金斯基才十九歲，在不安與惡寒中，他噙著淚水一時難以回答，但迪亞基列夫坐在床邊執意要他親口回答，筋疲力盡的尼金斯基終究還是答應了。這時候起，迪亞基列夫就徹底地主宰了他。

水仙逃走後，牧神拾起圍巾自慰的場景　尼金斯基②

接著，一九〇九年五月在巴黎的公演，獲得傳奇般的空前成功。雕塑家奧古斯特・羅丹（François-Auguste-René Rodin）、詩人尚・考克多、作家馬塞爾・普魯斯特等當代巴黎的代表藝術家們，全都熱烈地歡迎這個新成立的俄羅斯芭蕾舞團，並給予高度評價。

宛如彗星劃過天際般，尼金斯基瞬間一躍成為世界級的明星。同時他與迪亞基列夫的關係也成為公開之事，無論到哪裡都是出雙入對，沒有人可以只招待他們其中一方。

一九一〇年，在巴黎的第二次公演確立了俄羅斯芭蕾舞團的名氣，來自全世界的演出邀請蜂擁而至。迪亞基列夫帶著俄羅斯芭蕾舞團，到羅馬、柏林、巴黎、倫敦巡迴演出，無論到哪裡都獲得劃時代的成就。

一九一一年，尼金斯基輪演的劇目中，受人注目的有《玫瑰花魂》（Le Spectre de la Rose）以及《彼得魯什卡》（Petrouchka）。《玫瑰花魂》是著名編舞家米歇爾・福金（Mikhail Mikhailovich Fokin）以韋伯（Carl Maria von Weber）創作的樂曲為主幹，創作的一齣僅僅八分鐘的小品劇，但卻成了尼金斯基的代表作。

故事講述女孩從舞會場所窗外摘了一朵玫瑰花，回到家後坐在椅子上睡著了，尼金斯基所演的玫瑰花魂出現在女孩的夢境中，兩人一起跳著華爾滋。看著當時所拍攝的舞臺劇照，讓人覺得玫瑰花的馥郁馨香彷彿至今仍未散去。

另一齣代表作是《彼得魯什卡》，主角是一尊木偶，在魔法師的幫助下擁有了生命。但他受到他人的歧視、心愛舞孃的背叛，以及同事們對他的冷嘲熱諷，尼金斯基生動地演出了主角的哀傷。

法國詩人馬拉美的著名詩作、作曲家德布西譜曲，由尼金斯基編舞的作品《牧神的午後》（L'Après-midi d'un faune），也是與前述所提的兩部作品不相上下的名作。尼金斯基曾說過：「《牧神的午後》就代表了我本人。」

一九一二年五月二十九日，這部作品在巴黎夏特雷劇院（Théâtre du Châtelet）首演後，掀起了空前熱烈的迴響。牧神想要誘惑水仙卻失敗，於是躺在水仙逃走後所留下的圍巾上自慰，最後這一幕讓觀眾受到強烈的衝擊。

隔日的公演中，就在劇幕即將落下之際，觀眾的反應變得兩極。一部分的人吹著尖銳口哨高聲叫罵，另一部分的人則是報以熱烈的掌聲。

翌日早上的《費加洛報》，總編輯卡美特（Calmette）刊登了這樣的報導：

「這場表演既非美麗的牧歌，也不是什麼寓意深遠的作品，而是帶有色情獸性與露骨無恥的舞蹈。他所呈現的是一個做著不雅動作的低俗牧神。」

迪亞基列夫雖然大受打擊，但事實上這次公演時，偉大的雕塑家羅丹還特地造訪了後臺，對尼金斯基讚譽有加。於是，迪亞基列夫利用這一點，委託《晨報》（*Le Matin*）記者羅傑・馬克（Roger Marx），寫了一篇反駁卡美特的佳評報導，羅丹也同意替這篇報導署名背書。

結果，巨匠羅丹的評價決定了輿論風向，《牧神的午後》獲得極大的成功。正所謂掌握了巴黎，就掌握了全世界潮流。實際上《牧神的午後》之後在倫敦、羅馬等地的公演，都接連博得滿堂彩。可以說《牧神的午後》是芭蕾舞史上的革命之一。

與男性贊助者決裂之後所嘗到的社會現實　尼金斯基③

一九一三年，俄羅斯芭蕾舞團朝南美出發。當時迪亞基列夫並沒有一同踏上這次的公演之旅，有人說可能是因為他懼怕搭船，也有人說他是為了跟其他情人度假。

在船上，尼金斯基跟一名匈牙利知名女星的女兒羅茉拉・普爾斯基（Romola de Pulszky）走得很近。事實上，自從俄羅斯芭蕾舞團一九一二年在布達佩斯公演之後，羅茉拉就對尼金斯基抱持著愛慕之情了。

當時有人介紹羅茉拉給尼金斯基，但尼金斯基壓根兒不記得她。然而，羅茉拉為了要接近他，一路追隨俄羅斯芭蕾舞團在巴黎、倫敦、維也納等地的所有公演。

之前即使她想接近尼金斯基，他身邊也一直都有迪亞基列夫相伴。因此，這次迪亞基列夫沒有同行的南美之旅，對羅茉拉而言是絕佳的機會。

漫長的船旅航程中，羅茉拉顯得相當積極。儘管這段時間內尼金斯基內心究竟產生了什麼變化，我們不得而知，但他在這趟船旅期間向羅茉拉求婚，一抵達布宜諾斯艾利斯之後，兩人就舉行了婚禮。

他的結婚消息立刻傳到迪亞基列夫耳裡，不難想像迪亞基列夫受到多大的打擊。對他來說，這等於是對情人以及工作夥伴兩個身分的雙重背叛。

結束南美公演之後，尼金斯基前往布達佩斯拜訪妻子的父母親，這時迪亞基列夫的代理人傳來一通電報寫道：「迪亞基列夫先生決定今後不再聘用您」。

尼金斯基遭到解雇一事很快就傳遍了全世界。想招聘他的信件接二連三寄來，也有許多經紀人來造訪他。巴黎歌劇院邀請他成為院內的首席芭蕾舞教師（Maître de Ballet）兼首席舞者，願意支付他年薪十萬法郎。

尼金斯基回絕掉所有的邀約，打算像迪亞基列夫那樣創立自己的芭蕾舞團。他募集了三十二名舞者，隔年春天，跟倫敦皇宮劇院（Palace Theatre）簽下了連續八週的公演契約。

可是，對於缺乏生活技能，徹頭徹尾是個藝術家的尼金斯基而言，要組織新的芭蕾舞團到能夠登臺公演的程度，是件極為困難的工作。再加上迪亞基列夫花了數個月的時間，用盡一切手段操控巴黎及倫敦的舞蹈界、媒體，推動了反尼金斯基運動。尼金斯基一打算在皇宮劇院表演《玫瑰花魂》，迪亞基列夫就慫恿福金提出終止公演的訴訟。

接踵而至的困難與迫害，讓尼金斯基終於在第三週病倒在床上了。「倫敦公演時的他已不再是神，那股神祕的氣質也消失了。這幻滅令人感到心痛。」舞蹈書籍出版社

（Dance Books）的創辦人西瑞・博蒙特（Cyril W. Beaumont）如此寫道。

尼金斯基於公於私都被逼入孤立的絕境。一九一四年六月二十八日，奧匈帝國皇太子遭到塞爾維亞青年暗殺，以此事件為契機，德國、奧匈帝國在七月二十八日向塞爾維亞宣戰。當時尼金斯基夫婦前往羅茉拉的娘家布達佩斯，因為俄羅斯人的身分而被當成戰俘，連同孩子一起被軟禁。

諷刺的是，這時對他伸出援手的，竟然就是迪亞基列夫。當時俄羅斯芭蕾舞團已經確定要在美國公演，契約中的條件是尼金斯基必須參演。迪亞基列夫與紐約大都會歌劇院的老闆一起遊說美國總統威爾遜（Thomas Woodrow Wilson），請他提出釋放尼金斯基的要求。最後，名義上是把戰俘出借給當時仍是中立國的美國，尼金斯基獲准前往美國表演。

一九一六年四月七日，尼金斯基一家人抵達美國，但與迪亞基列夫之間的感情糾葛卻沒有解開。原因之一是尼金斯基聽了羅茉拉的建議，不跟迪亞基列夫簽約，而是直接與大都會劇院簽約。

十月二十二日，尼金斯基跟五十五名舞者為了秋季全美巡迴公演，出發橫越美洲大陸。迪亞基列夫則與他的新情人馬辛（Léonide Massine）一起前往義大利，為新的芭蕾舞劇進行準備。馬辛已經取代了尼金斯基，成為迪亞基列夫的新寵。

歷經五個月的公演之旅結束後，筋疲力竭的尼金斯基跟妻子一起回到歐洲，在西班牙落腳。他雖然拒絕了接下來的南美公演之旅，但迪亞基列夫宣稱契約已經成立，甚至還動用警察逮捕尼金斯基逼他屈服，因為演出無論如何都需要尼金斯基。

一九一七年七月中旬，一行人出發前往南美。可是宣傳海報上寫的並不像過去那樣是「尼金斯基與迪亞基列夫的俄羅斯芭蕾舞團」，變成了「迪亞基列夫的俄羅斯芭蕾舞團」。在南美公演時，尼金斯基被視為眾多舞者之一對待，也沒有像大明星一樣還特別張貼出他的名字。這讓他再度重新體認到，他與迪亞基列夫的決裂已經毫無轉圜餘地了。

回國之後，尼金斯基一家在瑞士的聖莫里茲（St. Moritz）落腳。對於跟迪亞基列夫分手之後，身心從未休息過的他而言，那裡的生活在某種程度上，也可以說是波瀾萬丈的人生中一個小小的喘息。

可是過沒多久，可怕的命運就逐漸朝他襲來。時間正值第一次世界大戰之際。一九一七年冬天，在基輔的妹妹波妮薩娃傳來求救訊息，說哥哥史坦尼斯拉夫在革命中被燒死了。

猶豫了幾天之後，羅茉拉終究決定告訴丈夫這件事，尼金斯基回應她的卻是冷漠的目光。後來羅茉拉寫道，當時她就覺得尼金斯基似乎有些不對勁了。

後來有一次羅茉拉跟女兒吉拉（Kyra）準備外出時，尼金斯基忽然粗暴地闖進房間，朝她大吼「吵死了！」接著用力搖晃羅茉拉的雙肩，還把她用力推向椅子。儘管吉拉怕得哭了起來，他也只是冷冷地瞪著羅茉拉。

他以最極端形式展現瘋狂的，是一九一九年一月十九日在聖莫里茲的飯店，為當地人舉辦的獨舞會。當時聚集了兩百名觀眾，但開演的鈴聲響完後，尼金斯基卻在接下來的三十分鐘，在舞臺上面對觀眾而坐，一語不發且一動也不動。

就在羅茉拉忍不住想上前提醒他的時候，他終於開始舞動了。一開始的曲目是蕭邦的第二十號前奏曲，他直到最後都跳得很正確。接著表情忽然一暗，將黑色與白色的長布料鋪在地板上做出十字架，接著張開雙手站著，宛如被掛在十字架上的耶穌基督。

接著，他開始述說在戰爭中喪失了無數性命，又說：「接下來我要開始跳戰爭的舞蹈。是你們所有人無法阻止的戰爭，你們所有人都要負責的戰爭的舞蹈。」然後就又開始跳了起來。

就像他內心愈來愈高漲的瘋狂一樣，他愈跳愈激烈，觀眾彷彿被附身一般盯著舞臺目瞪口呆。這一天的舞蹈，可以說是他陷入徹底瘋狂前綻放的最後光輝。

兩天後，羅茉拉陪著丈夫前去拜訪蘇黎世的精神醫學權威，提出「精神分裂症」（Schizophrenia，現已正名為「思覺失調症」）一詞而知名的尤金・布魯勒（Paul Eugen Bleuler）教授。看診結束之後，面對不安等待的羅茉拉，教授清楚地表示：「你丈夫的精神分裂症不可能痊癒了。」

羅茉拉雖然痛苦至極，但還是決定照顧丈夫一輩子。尼金斯基的後半生，就在陰暗晦澀中度過。這是他與自己人生的奮鬥，同時也是羅茉拉的奮鬥。

儘管如此，他的病情也未見好轉，即使看了自己過去作品的影片，或是跟工作夥伴見面，也只是露出空洞的笑容。一九二八年，迪亞基列夫播放《彼得魯什卡》給他看，他也完全沒有反應。

羅茉拉在第二次世界大戰時面臨經濟困境，於是帶著他輾轉在歐洲各地流轉。一九四五年戰爭結束，羅茉拉帶著丈夫橫渡到英國，總算在那裡獲得安居之處。

一九五〇年四月八日，尼金斯基因為罹患腎臟病，在倫敦的醫院結束了他波瀾萬丈的人生，享年六十歲。其中有將近三十年都是在陰暗的瘋狂中度過。

同性戀有如失根之草　湯瑪斯・曼①

撰有《魂斷威尼斯》（*Der Tod in Venedig*）、《托尼歐・克呂格》、《魔山》（*The Magic Mountain*）等名著的二十世紀的德國作家湯瑪斯・曼，是擁有高知名度的諾貝爾得獎作家。在他死後，大量的「日記」遭到公開，因此發現他是一名同性戀者的事實，也造成世人極大的衝擊。

他生前有個名叫卡蒂亞（Katia）的妻子與六名子女，姑且不論一些特別的情況，夫妻大半時間在人前都表現得非常和睦，看起來就像是一對模範夫妻。

一八七五年，湯瑪斯出生於德國北部盧貝克（Lübeck）市的一個富商家庭。父親當過市議會議員及副市長，是個既嚴肅又講究常識，極認真的人。相對之下，母親繼承了葡萄牙裔巴西人的血統，是個奔放性感的南國美女。

母親從年輕時就是市內社交界的紅人，有了家庭之後把孩子們的教養交給家庭教師，招待音樂家及音樂愛好者來家裡，盡情地展露自己美麗的歌聲或彈鋼琴。

可是在盧貝克這個德國北邊的小城鎮裡，母親這樣的人是非常惹人注目的。而且雖然沒有證據，但奔放的母親很可能跟丈夫之外的男性也發生過關係。被這種母親養大的湯瑪斯，從小就對母親抱持著某種不信任感。

此外，他在成長過程中也嚴格規定自己，要將與母親完全相反，既嚴謹又守規矩的父親視為模範，不可以成為母親那樣的人，也絕對要成為父親那樣的人。

儘管如此，但自己實際上卻是個遭到全世界多方指責的同性戀者。甚至提到追求極致美學的藝術家這個職業，在湯瑪斯的想法中就是「等同於罪犯」的反社會存在。所以他的內心會有多麼掙扎痛苦，也就不難想像。

於是，湯瑪斯自從某個時期開始就發揮強大的自制力，費盡極大的心力，經營跟別人相同的婚姻生活，決心要扮演受到世人尊重的「正正當當」的普通人。

至於湯瑪斯對自己的同性戀傾向抱著多嚴重的心結，在一九二五年所寫的〈關於婚姻〉一文中可以看得出來。在文中，他認為同性戀者就像失根的草，抨擊他們無法擁有組成家庭繁衍家族體系這樣的未來；相對的，「結婚」則是以性的結合為基礎，經營永遠的同居生活並確立兩人命運共同體的地位，稱讚這是積極又有建設性的愛情模式。

光從這一篇文章來看，湯瑪斯像是以異性戀的立場，來大肆批評同性戀。看來，當時他就決定要將自己與生俱來的同性戀傾向深深隱藏起來，結婚生子，命令自己過著「正常的」婚姻生活。

出現在這樣的他面前的，就是後來成為他妻子的卡蒂亞・平林恩斯海姆（Katia Pringsheim）。

卡蒂亞的娘家是中產階級，父親是樞密院顧問官兼慕尼黑大學數學教授。當時湯瑪斯三十歲，卡蒂亞二十二歲。湯瑪斯發揮天生的好文筆不斷寫信給卡蒂亞，最後擊敗眾多情敵擄獲了她的芳心。

剛認識卡蒂亞的時候，全家人對她有很大的期待，湯瑪斯的母親甚至還高興地說：「我想她一定能夠讓你非常幸福的喔。」

於是，湯瑪斯跟卡蒂亞的婚姻生活，某種程度上可以說是理想的婚姻。兩人生了六個小孩，知性、實際且活潑的卡蒂亞，在丈夫起起落落的人生中一直支持著他。走過第一次世界大戰時的糧食不足、在難以取悅的丈夫的工作上提供協助，甚至當丈夫拒絕納粹政權時，帶著孩子跟著丈夫逃亡出國。

後來，湯瑪斯在慶祝妻子七十歲生日時，盛讚卡蒂亞是個完美的妻子，也是個完美的母親，他誇說：「只要人們沒有忘記我，就絕對不會忘記她。」

過著這種理想婚姻生活的男人，事實上竟是同性戀者！因此在湯瑪斯死後，看到他日記的人們為何會如此震驚，也就不難想像了。

不過從性方面來看，湯瑪斯是否能充分滿足卡蒂亞這位女性，不得而知。在婚後十五年左右某天的日記裡，湯瑪斯寫到自己因為無法滿足卡蒂亞性方面的要求，兩人有了爭執，還捫心自問：「如果躺在那裡的是一名少年，結果又會如何呢？」

在其他天的日記裡也寫過：「即使我躺在卡蒂亞身邊卻提不起欲望，她也不會因此不高興，實在太感謝老天了。」從這裡也可出個性大而化之且爽朗的卡蒂亞，或許原本性慾就不強烈吧。因此，結婚十五年後夫妻之間逐漸缺乏性生活，也不是什麼特別稀奇的事了。

妄想中強烈又激情的美少年之愛　湯瑪斯・曼②

而提到這重要的「日記」，湯瑪斯對於不止一名的少年產生憧憬與欲望，都以反覆繚繞的筆觸描述在日記裡。

例如，他在人文中學（Gymnasium）當學生時的同班同學阿曼・馬騰斯（Armin Martens）、停留在慕尼黑時的朋友保羅・艾倫伯格（Paul Ehrenberg）、一九二七年在度假地認識的杜塞道夫大學教授的兒子克勞斯・豪瑟（Klaus Heuser）、逃亡時在蘇黎世的飯店認識的男侍應生法蘭茲・維斯特麥爾（Franz Westermeier）等等。

尤其是保羅・艾倫伯格是個金髮藍眼的俊美青年，讓湯瑪斯對他投注了熱烈的愛，還在日記中稱他是「我人生中的唯一」。不過，保羅也因為外貌而深受女性歡迎，他的女性關係經常讓湯瑪斯感到嫉妒。

湯瑪斯將嫉妒的痛苦，寄託在《浮士德博士》（*Doktor Faustus*）一書中妻子的心裡，因為小提琴家情夫拋棄自己選了別的女人，已婚的人妻便殺了小提琴家。

日記裡也進一步記載著晚年湯瑪斯造訪瑞士時，在蘇黎世的飯店認識來自慕尼黑的年輕男侍法蘭茲・維斯特麥爾，因此對他燃起了熱烈的戀慕之意。這份出乎意料的刺激，似乎也意外地讓湯瑪斯本身長年遺忘的感官全都復活了。

女兒艾瑞卡（Erika）因為他的狂熱而大受打擊，湯瑪斯為了安撫她，於是說自己的心情只不過像是「喜歡著可愛的貴賓狗」那樣而已。確實如此，一位水嫩又年輕美麗的青年，在年邁的他眼中，或許真的就像是寵物般而已。

他並不具備很好的知性，也沒有任何社會地位。只是既年輕又美麗，這個充滿感官上的肉體之美的年輕人，對湯瑪斯這樣的男人所撩引起的欲望，是絕無僅有的。

日記中還出現有其他在路上或飯店裡認識的美少年等各種男性，但沒有任何跡象顯示湯瑪斯有將對這些男人的欲望化為實際行動。

畢竟湯瑪斯拒絕承認自己是同性戀，也相當害怕遭到他人的批判。只能推測無論他內心的欲望有多麼強烈，仍以強大的意志壓抑下來，讓這些想法都僅止於內在的欲望。

此外也可以說，正因為他把這些抑止變成內在的妄想，才能讓這些欲望昇華成《魂斷威尼斯》、《托尼歐・克呂格》等許多的世界名著。

被燒毀的日記內容 湯瑪斯・曼③

然而事實上，湯瑪斯的日記有一部分曾遭到先後兩次的燒毀，那些內容中是否記載了見不得人的衝擊性同性戀體驗，並非沒有這樣的可能性。

第一次燒日記，是一八九六年二十歲的時候，第二次則是在一九四五年納粹戰敗時，這時所燒的是逃亡時的一九三三年之前的內容。

一九三三年一月三十日，湯瑪斯在慕尼黑大學進行主題為〈理察・華格納（Wilhelm Richard Wagner）的苦惱與偉大〉的演講。這時候希特勒剛掌握政權不久。當時湯瑪斯與納粹的對立情況強烈，這場演講也遭到嚴重干預，並在兩個月後透過報章雜誌、廣播發表了針對湯瑪斯的演講內容「理察・華格納的城市慕尼黑表達抗議」。

雖然如此，湯瑪斯本人對情況還是抱持樂觀態度，演講隔天又出門到阿姆斯特丹、布魯塞爾、巴黎等地進行演講之旅，這時候的他還沒有任何逃亡的想法。但是，當他結束演講之旅留宿在瑞士阿羅薩（Arosa）期間，德國境內的情況迅速惡化，湯瑪斯就這樣在未來的十幾年都過著亡命生涯。

由於他從沒想過會淪亡在外，因此出門時重要的「日記」也就留在慕尼黑的自宅中。平常他會把這些日記收在上鎖的櫥櫃中，出門旅行時一定會隨身帶著鑰匙，自然是為了不讓任何家人看到日記。因此這次的演講之旅，當然也是帶著鑰匙的。

可是耳聞德國國內的情況不斷在改變，湯瑪斯也愈來愈感到不安。說不定自己必須過著逃亡生活了，但這麼一來，留在家中的日記就……如果讓納粹看到他的日記會怎麼樣呢？

這時國境還沒被封鎖，慕尼黑的自宅也還沒遭到沒收，因此他曾想過讓夫人卡蒂亞回家一趟，取出櫥櫃中湯瑪斯的日記後再回來會合。但最後這個計畫還是打住了，可能是害怕讓妻子看到日記的內容吧。

從當時的日記內容可以很明顯看得出來，此刻的湯瑪斯因為日記的事情有多麼心浮氣躁了。最後他是委託還留在德國的次子戈洛（Golo）處理這件事。

四月八日，湯瑪斯寫信給戈洛，請他拿出櫥櫃的日記送出國外來，並隨信附上鑰匙。而且信中還加了一句「請不要看日記的內容，我相信你的判斷能力」。

戈洛在十日按照父親的交代，將這些日記裝箱放上小型卡車裡，委由臨時雇請的司機霍爾茲納（Holzner）送往父親身邊。

可是發車之後過了兩週，湯瑪斯還是沒有收到。接著四月二十六日，他收到戈洛的通知說家裡三輛自用車都被政治警察扣押，於是湯瑪斯要戈洛趕緊逃亡。這時候他們才知道那個司機霍爾茲納，就是政治警察的間諜。

湯瑪斯夫妻與戈洛順利在瑞士重逢，但湯瑪斯對自己日記的緊張程度已經達到極限。

「目前對我來說最重要的，也幾乎是我唯一擔心的，就是針對我生涯祕密的這樁陰謀。這個祕密既深且重。或許會演變至可怕的情況，不，或許會演變成更致命的狀態也說不定。」

最後，慕尼黑的律師海恩斯（Heinz）接受湯瑪斯的委託，著手收拾善後。經過四天的交涉之後，終於從政治警察手中取回裝了日記的卡車。接著，與發車相隔一個月又九天之後的五月十九日，終於平安送達停留在南法邦多（Bandol）的湯瑪斯身邊。真不知道湯瑪斯為此有多麼高興呢！

但在一九四五年五月二十一日，德國投降之後沒多久，湯瑪斯仍舊將這些從納粹手中拿回來的日記全都燒了。雖然讓人納悶為何在這時候燒毀，但其中他所稱的「生涯祕密」，肯定充滿了相當驚人的內容吧。

因此，我們現在能夠看到的，幾乎都是一九三三年三月之後的日記。光是這些內容就足以令人驚訝了，那麼這之前的日記到底都寫了些什麼呢……我們永遠無法得知真相了。

在感化院中的性愛初體驗　尚・惹內①

二十世紀風格特殊的法國作家尚・惹內（Jean Genet）是一名私生子，生母是妓女卡蜜兒・加百列・惹內（Camille Gabrielle Genet），生父則不詳。他還在強褓中就被母親拋棄，被住在莫爾旺地區阿利尼村（village d' Alligny-en-Morvan）的伐木工匠雷尼爾（Régnier）夫妻收養。

小時候的惹內很愛讀書，在校成績也很優秀。圖書室裡的每一本書他都讀過，老師也經常在課堂上念他的作文給同學欣賞。

儘管養父母並沒有虧待過他，但對愛飢渴的惹內卻開始出現偷竊的惡習。他在家會偷拿養母錢包裡的錢，在學校也因為偷過好幾次同學的東西而被老師責罵。

小學畢業之後，惹內被送到巴黎的視障作曲家瑞尼・布克斯（René de Buxeuil）家寄養，成為他的「白杖」（white cane）兼祕書。但是住在這裡，他還是會趁作曲家夫婦外出時，從他們收藏的詩集《惡之華》（*Les Fleurs du mal*，夏爾・波德萊爾作品）裡，直接撕下自己喜歡的那幾頁。甚至還拿夫人的胭紅白粉來用，開始替自己化妝。最後，因為惹內擅自花掉交代他購物的錢，而被這對夫妻開除。

之後他被社會福利單位收留，卻不斷想逃離，結果又因為搭霸王車被逮捕關在梅特萊感化院（Mettray Penal Colony），在那裡待到十八歲為止。他在裡面每天早上五點起床，到田裡或砌石廠、製鞋場、裁縫處等工作地點從事勞務。

在感化院裡，剛進去的新人遭到前輩暴力對待或是輪姦，是家常便飯的事。不過，惹內的容貌在這裡宛如女孩子般可愛，特別討喜，因此被維勒洛（Villeroy）這名前輩選作小情人，體驗了生平第一次的同性戀情。

白天嚴苛的強制勞動過得就像噩夢一般。可是只要忍過白天，就會迎來喜悅滿足的夜晚。要躲過隨時會出現的看守偷偷幽會。惹內寫道：

「肌膚相親的時候，他盡情地吻著我的眼瞼，我的唇則在他的頭上、胸上反覆親吻，再慢慢地往腹部滑下去……」

在梅特萊感化院裡，相愛的少年們，會替彼此的身體刺青。例如刺上鷲、錨、蛇、太陽、星星等，由一名少年使用燒熱的針、另一名少年站著把風，還有一名少年要防止被刺青的少年大叫或掙扎，必須壓著他的腳或拍他的背安撫他。

離開梅特萊感化院之後，惹內主動報名加入法國外籍兵團。之後他在敘利亞的大馬士革參與興建要塞堡壘，待過摩洛哥梅克內斯的駐守軍隊、法國圖爾的守備隊等，到了二十二歲時逃兵。

之後，他幾乎在歐洲全境流浪，如南斯拉夫、義大利、奧地利、西班牙、德國、荷蘭等國。這段時間他所做的事，包括賣春、偷竊、行乞、暴力……每次都是被發現偽造文書後驅逐出境、逮捕、入獄，不斷反覆。

在惹內流浪的過程中，大部分的時間都跟塞爾維亞美男子史蒂塔諾（Stilitano）一起行動。他們住在巴塞隆納港口附近、聚集的幾乎都是流浪漢的中國城（Barrio Chino）邊緣。

後來在小說《竊賊日記》（*Journal du voleur*）中出現，穿著女裝的同性戀者跟真正的妓女們一起跳舞的克里奧拉酒店（Cabaret La Criolla），以及聚集了人口販子、小偷、詐欺犯、逃獄犯等前科累累的人，位於帕拉雷歐街（rue Parallèles）上的酒吧等，都是以這時期的體驗為參考所寫成的。

巴黎的年輕人妖世界　尚・惹內②

歷經逃離法國軍隊，在歐洲放逐了八千五百公里之後，一九三七年七月七日，惹內終於回到法國。當時巴黎的蒙帕納斯（Montparnasse）是引領世界的藝術中心。許多文學家及藝術家們都聚集在古柏咖啡廳（La Coupole）及演藝廳等地方，藤田嗣治或賈科梅蒂（Alberto Giacometti）等藝術家，也曾在附近擁有工作室。

即使在巴黎，惹內的偷盜行徑依舊。他在百貨公司偷竊襯衫或手帕，從停車場裡的車子偷取食物，同樣反覆地被逮、獲釋。

此時，他結識了一名叫做莫里斯・雷納爾（Maurice Renard）的二十七歲男同志，在對方位於蒙馬特的公寓同居。惹內剛好陷入下一頓沒有著落的貧窮谷底，遇見他也算是交到好運了。雷納爾就是人們所說的人妖，在《繁花聖母》（*Notre Dame des Fleurs*）中出現，像貴婦那樣化妝，舉止做作的男同志。不過，惹內也是個零號，因此沒有跟雷納爾睡過。

兩人相識於蒙馬特一間名為格拉夫（Grant）的同志酒吧。那裡專供同志顧客消費，有各種少年會來到這裡。少年們雙手抱胸在布蘭奇廣場（Place Blanche）上走動，向往來行人投以邀請的眼神。男孩子們雖然沒有穿女裝，卻像女人一樣化妝，被稱為「變裝皇后」（Drag Queen，男扮女裝的男同性戀者）。他們用女孩的名字自我介紹，無論走路方式、眼波流轉，甚至聲音都仿若妓女。

跟雷納爾的交往，讓惹內第一次窺見巴黎年輕人妖的世界，於是這也成了他小說的背景之一。

這段時間，由於德國在一九三九年攻打並侵占波蘭，而開啟了第二次世界大戰。這時候的惹內從居留巴黎開始算，已經被判刑第八次了。

這時他認識了才十幾歲的尚・狄卡寧（Jean Decarnin），他是一個與抗德運動有關的托洛茨基主義（Trotskyism）[3]者。他是個美貌的異性戀，一塵不染的純淨少年，也有女朋友。在《繁花聖母》中，惹內曾說自己願意付出任何代價來得到他。他也同意對方對自己有著男性的優越感。

在認識的人所開的露天舊書攤顧店的狄卡寧，被惹內帶進了偷竊的世界。一九四〇年八月時惹內在吉爾伯書店偷書，據說就是為了幫狄卡寧的舊書店收集商品。當時的惹內就是反覆的偷盜被抓、逮捕服刑，同時他也開始寫作。後來當人們問到他為什麼能夠閱讀那麼多書時，他便回答因為監獄裡太無聊了，無事可做才讀書。

一九四二年，終於發生了改變他人生的大事。就是認識了大詩人尚・考克多。也在場的友人羅蘭・羅登巴赫（Roland Rodenbach）寫道：

「我經常固定一段時間就會跟年輕詩人朋友尚・羅萊（Jean du Relais）一起到

塞納河畔散步。這段時間我們認識了一個自稱尚・惹內的舊書攤店員。（略）再過沒多久，我們就知道他是個作家兼詩人，喜歡少年，更知道了他是個竊賊這些事。

「我將這則令人感嘆的詩篇拿給考克多之後，他便要我把作者帶來見他。於是某個晴朗的週日下午，我們前往塞納河畔的露天舊書攤迎接惹內，帶他前往蒙特龐謝（Montpensier）街。他穿得很正式，毫無怨言地戴上灰色手套。從這一刻開始，考克多便成了尚・惹內的守護天使。」

當時惹內自行帶來給考克多看的，是他在服刑時所寫並自費出版的詩集《死囚》（*Le Condamné à Mort*）。這是他為了紀念一九三九年，一名年紀輕輕二十五歲就被處決、名叫莫里斯・皮洛吉（Maurice Pilorge）死囚的作品。

為了一點點錢殺害了墨西哥人的皮洛吉，是當時著名的社會話題，報紙甚至寫他「幽默爽快，以某種程度的超然態度離世」。惹內在《死囚》的後記中寫道：「他（皮洛吉）耀眼的肉體與臉龐，總在不成眠的夜裡糾纏著我久久不放。」這並非是惹內與他

---

3 由列夫・達維多維奇・托洛茨基（Leon Trotsky）提出的政治思想，馬克思主義的一個流派。

見過面，僅僅只是從報紙上認識皮洛吉，就為他深深著迷，可以說惹內是把他列入自己的幻想戀人名單之一了。

看完這部作品，考克多深感佩服。「優雅、平衡、睿智……這些特點就從這名非凡獨特的人身上散發出來。他的詩對我而言，是這時期唯一發生的大事。」

隔天，惹內這次帶著他已經寫好的第一本長篇小說《繁花聖母》前往拜訪考克多。正如日文版的譯者堀口大學所說，這是作者惹內將自己投射於內的自傳式小說。包括主角德凡（Divine）在內，幾乎所有出現的人物，都寄託了惹內的經歷，以及他的心象風景。

「我想要歌頌殺人，因為我喜歡殺人犯們。我想自然而然，毫無矯飾地歌頌殺人。毫不留情地。我不會找任何斤斤計較的藉口，例如自己多麼渴望它，也願意為了它贖罪什麼的。我就是想試試看殺人。這點我之前就說過一次了。而且也不是想要殺老人什麼的，我想殺的是有著亞麻色頭髮的美少年。」（摘自《繁花聖母》）

「皮洛吉啊、我最愛的人、我的朋友、我的醍醐味、你美麗的頭顱落下了。二十歲。你是二十歲或二十二歲呢？而我又已經幾歲了呢⋯⋯我實在羨慕你的光榮。就像殺了那個年輕美麗的墨西哥人那樣，如果你能將我送進墳墓裡該有多好。」（同前）

惹內自信滿滿地在考克多面前朗讀小說中的部分內容，一開始考克多因為內容中散發出來的敗德、性愛、暴力氣氛而感到不愉快。等惹內不高興地回去之後，感到後悔的考克多立刻再讀了一遍原稿。

「惹內帶來他的小說，不可置信地多達三百頁，創造了『男妓們』神話的所有戲碼。（略）我想為自己的輕率向惹內道歉。這部小說或許比上次的詩集更值得讚歎。內容實在過於新穎，反而不容易了解到它真正的價值。」

儘管考克多非常感動，但說實話，他也有點迷惘自己該怎麼做。他想出版這本書，應該說，他認為自己必須出版這本書。可是一旦出版了一定會引起騷動，甚至會成為一大醜聞吧。

「名為惹內的炸彈，就在這裡。非常地，猥褻。（略）它就存在於此，想必今後也會持續存在。（略）對我而言，這是這個時代的大事。這本書抵抗著我，引起我的厭惡感，卻也令我讚嘆。（略）我想我必須先說，這本書完全沒有引起醜聞藉此炒作的打算。撰寫它的人是純然的，不受任何規範的。」

最後，考克多決定讓自己的祕書保羅・摩里安（Paul Morihien）在一九四三年三月，將這本書以地下形式出版。

對於惹內而言，這不只是以作家身分出道而已，這是一個能讓他整個人生巨大改變的大事件。既是竊賊又是罪犯、無家可歸也身無分文，對一般人而言某種意義上等於不存在的他，只要作家的身分獲得成功，就能夠得到世人的尊敬。過去只能生活在社會底層的他，可以大大方方地走在光明的道路上了。

直接販賣給同性戀者與藝術愛好者們的出道作　尚・惹內③

戰爭時期的出版業是個極為狹窄的世界，而且發掘惹內的人又是大詩人考克多，因此八卦一下子就傳出去了。在他的作品還沒正式出版前，惹內的名字就在一些人之間傳開。

考克多警告他：「別再偷竊了。你的偷竊手法如此拙劣，最後總是會被抓。然而，你卻是個優秀的作家啊。」但沒多久惹內又在巴黎歌劇院附近偷書被逮。聽聞此事的考克多，親自前往熟識的律師莫里斯・加爾森（Maurice Garçon）那裡。

「惹內就拜託你了。他會去偷竊，是為了養育他的身體與靈魂。他是韓波，我們不能將韓波視為罪犯的。」

一九四三年七月二十二日，惹內的案子開庭。數天前，加爾森律師才寫信給考克多說：「若你能做為證人出庭為他說一句話，就是為我們注入一劑強心針。」

那一天，考克多跟他的情人演員尚・馬萊（Jean Marais）、保羅・摩里安一起坐在法庭的第一排。

加爾森律師陳述：「我的當事人為了展開他的作家生涯，目前正打算戒除他的竊盜行為。」接著閱讀考克多寫的信件，內容稱讚惹內行徑就有如天才詩人韓波，最後考克多親自站上證人席，作證說惹內是現代最偉大的作家。

法官：「被告是作家吧？如果你寫的書遭到偷竊，你會如何？」

被告：「我想我會很驕傲。」

法官：「被告知道你所偷走的書的價格嗎？」

惹內：「不，我不知道它的價格。但我知道它的價值。」

事實上，因為他在過去十年內受到的多個有罪判決，若惹內這次被判超過三個月以上的話，很可能會變成終身監禁。

最後出來的判決剛好是三個月的徒刑，驚險地躲過了終身監禁。考克多與其他的人們也期待惹內可以因此改過，專心朝著作家之路邁進。

之後惹內的首部小說《繁花聖母》，就在巴黎解放的隔月，一九四四年九月，以未標註發行人的形式出版了。那是僅印刷三百五十本的精裝版，以直接賣給同性戀或藝術愛好者的方式銷售。

這一切都是多虧了考克多。但就是因為太清楚這一點了，之後惹內對考克多所抱持的情感，是半感激半憎恨的。

惹內在獄中認識了紀（紀・諾培〔Guy Nobe〕）這名少年，也愛上了他。小說《玫瑰奇蹟》（*Miracle de la rose*）就是紀給他靈感所撰寫出來的。過去惹內所愛的男人都是體格比惹內還要健壯的男性，惹內一向都是零號。

但是惹內現在已經三十四歲了。在《玫瑰奇蹟》中，可以窺見他想要更有男人味，想變強壯，想要成為真正的男人這樣的願望。因此對這樣的他而言，紀是他的第一個變童。

紀比惹內年輕十歲，很巧的他也是來自梅特萊感化院。

他在《竊賊日記》中如此描述：

「儘管他並沒有呂西安（註：敘述者的新情人）所擁有的稚氣優美或謹慎小心的樣子，但紀那熱情的氣息、熱忱的心意、更熱烈、熾熱的生活，他整個人對我而言就是個珍貴的存在。正如他本人所說，即使要犯下殺人罪也不在乎。他是可以為了自己一個人，或是為了某個同伴而一夜散盡全部家財的男人。他就是有這等氣魄。而視情況來說，將呂西安所有的美貌全都加總起來，在我眼中，或許也比不上這位可愛壞蛋的唯一美德那麼有價值。」（《竊賊日記》日本新潮社朝吹三吉　日

文譯版）

可是就在考克多為他竭力奔走而獲釋後還不到一個月，惹內就在一九四三年九月二十四日，又在書店偷竊被逮。接獲通知的考克多非常煩躁地在日記中寫道：

「以後他還是會再繼續偷竊吧。（略）對那些甚至要犯險也想盡力幫他的人們，他以後也還是會繼續給他們惹麻煩吧。」

惹內這次被宣判監禁的刑期是四個月。接著新的問題出現了。根據德軍占領下施行的新法律，無法證明職業、居住地，或擁有合法謀生方法的人，全部要遵照國家的行政處置拘留。

惹內被送到巴黎的圖爾監獄，那裡本來是關押政治犯的地方，現在成為從囚犯中選擇要送誰到「死亡收容所」的場所。知道這件事的惹內，開始拚命四方斡旋，無論如何都想離開這裡。

考克多的朋友安得烈·杜波（André Dubois，前內務省警察局長）及莫里斯·特斯卡（Maurice Toesca，負責解決德法兩國警察間的問題，能跟警察高層匹敵的有力人士）等等，一堆可靠的人到處拚了命地瘋狂奔走，忙碌地用書信往來。

眾人的拚命奔走收到了效果，最後惹內於一九四四年三月，從圖爾監獄被釋放。接著在幾週之後，《L'Arbalète》雜誌上刊載的《繁花聖母》的一章，就以這次的故事為引子登上了頭版。

奇妙的是在同一期雜誌中，也刊載了尚・保羅・沙特（Jean-Paul Sartre）的著名戲曲《密室》（Huis clos，當時是以〈其他人們〉做為標題）。這位沙特，後來取代了考克多，在惹內的人生中扮演了最重要的角色。

一九四四年，沙特與西蒙・波娃（Simone de Beauvoir）是聖日耳曼德佩區的花神咖啡館（Café de Flore）的常客。這間咖啡館後來成為存在主義者的聖地，也是日本觀光客很熟悉的地方。第二次世界大戰時期，只有少數的飯店或公寓有暖氣，因此聚集來這間店取暖的客人就很多了。

畫家畢卡索、詩人賈克・普維（Jacques Prévert）、雕刻家賈科梅蒂都是這裡的常客。尤其是沙特跟波娃，說他們幾乎是住在這裡，也不為過。

有一次，兩人待在花神咖啡館時，有個頭髮剃得很短，乍看之下很落魄的男人慢慢地走近他們，開口就問：「你是沙特先生嗎？」當時沙特跟波娃兩人都知道考克多最近發掘了一名驚世天才的新聞，卻都沒有放在心上。

不過惹內的性格很受沙特及波娃兩人喜愛，彼此之間就迅速熟稔了。波娃就曾說過：「這個在他出生後就立刻排擠他的社會，甚至不被他看在眼裡。可是他的雙眼是會微笑的，唇畔保留的稚氣純真也令人驚訝。」

甚至她也寫到，惹內會與沙特如此意氣相投，是因為兩人都擁有極度的自由精神，而且同樣地討厭冠冕堂皇的主義、制度、妄自尊大的言論及庸俗的正義。

從一九四五年之後的二十多年內，常有人說這是「沙特的時代」，不過在認識惹內的當時，巴黎就已經很接近這樣的氛圍了。小說《嘔吐》（*La Nausée*）、哲學書《存在與虛無》（*L'Etre et le neant*）、戲劇《密室》、《惡魔與上帝》（*Le Diable et le Bon Dieu*）、《蒼蠅》（*Les Mouches*）等等，這些劃時代革命性著作的魅力至今仍毫不褪色。

五〇至六〇年代的人，對於存在主義、文學家的政治參與（engagement）等詞彙，應該不陌生吧。而沙特拒絕諾貝爾獎這樣的新聞，也讓當時的媒體一陣譁然。可以說沙特以及他的存在主義，在全世界的知識分子之間風靡了一個世代。

發掘惹內天生具備的稀世才華，沙特之後的好幾年，持續跟他保持相當密切的往來。甚至到了晚年，沙特都承認跟他往來最為親密的就是惹內（還有賈科梅蒂）了。這時的惹內也脫離了考克多的影響，進入了沙特的影響之下。

不斷更換年輕的戀人 尚・惹內④

一九四五年前後，惹內有了新的情人。是名叫呂希安・塞內蒙（Lucien Sénémaud）的十八歲青年。惹內還為呂希安寫了〈蘇給區的漁夫〉（Le Pêcheur du Suquet）這首詩，據說也是他的作品中最優秀的一首。甚至在一九四九年撰寫的小說《竊賊日記》中，呂希安也有出現。

按照友人的說法，呂希安以前跟祕密警察有所關聯，但是如果認為惹內對呂希安的愛會因此而退縮就錯了，事實正好相反。因為對於惹內來說，背叛跟竊盜、同性戀是構成人性的三大美德。

在《竊賊日記》中，關於惹內對呂希安幾近殘酷的愛，以及總有一天自己會背叛他的預感，惹內對於這些心情，有非常生動又美麗的描述。

「於是我明白了。這份溫柔，這份對我愛情的柔順服從，要怎麼變得狂暴，變得充滿冷酷的惡意呢？只要我的溫柔不再是它原本的樣子，只要我不再愛他，例如我一旦拋棄了這名少年，一旦奪走了讓軟弱的意識占領這副強健身軀的可能性……」（略）

「如果你拋棄了我，我肯定會變成一頭失控的瘋狗」他曾這麼對我說。「我一定會變成惡徒之中最窮凶惡極的惡徒。」

（略）黃昏，呂希安張開雙臂緊緊抱住我，綿密的吻不斷落在我臉上時，哀傷卻籠罩了我全身。可以說，我的身體忽然一片漆黑，被黑紗暗影所包圍。我看見了我的內心深處。我何時能夠默不作聲地看著自己離這孩子而去呢？讓這孩子從我這棵大樹上墜落，摔在地上粉身碎骨……

「我的愛總是哀傷的。」

「真的呢。當我抱你的時候，你總是會變得很悲傷。我之前就發現了。」

「所以呢？讓你也不開心了嗎？」

「不會的，我一點都不介意。我可以代替你，給你更多的朝氣。」

我在內心低語：

「我愛你……呂希安……我愛你……」

（《竊賊日記》日本新潮社朝吹三吉 日文譯版）

後來一九四七年惹內又在坎城認識了法國與俄羅斯混血的賈瓦（Java，本名安德烈・B〔André B〕），一名二十二歲的青年。因為他在洛里奧（Loriol）伯爵擁有的賈瓦號帆船上工作。

一開始他們只是偶爾見面，隔年一九四八年，發生了賈瓦輕率地在軍隊的從軍契約書上簽名的事情。當時印度支那的紛爭才剛開始，他非常有可能被送往那裡去打仗。惹內對於這樣的結果憤怒得無法接受，於是拜託熟識的編輯露西・富爾（Lucie Faure）的丈夫，也就是很有勢力的政治家埃德加・富爾（Edgar Faure）安排讓賈瓦除隊。從這時開始，兩人才成為情侶。

在小說《竊賊日記》中，賈瓦曾是德國武裝親衛隊的將軍的貼身保鏢。他的皮膚上有親衛隊所刺顯示血型的刺青。作家尚・科（Jean Cau）以〈一位法國親衛隊成員的一生〉為標題，並在沙特主導的《現代雜誌》（*Les Temps modernes*）發表的短篇故事，其人物原型其實就是賈瓦。

故事中登場的，是一名在法國南部尼斯的麵包店裡工作的少年。他有偷竊癖，總是從麵包店老闆及客人身上偷竊。有一次甚至偷了一名老嫗藏起來的養老金，於是遭到父親用皮帶抽打懲罰。

少年被逮捕之後，法官讓他選擇是到德國服一年勞役，還是留在法國監獄監禁一年。少年選擇去德國，在該年夏天就出發了。可是在德國麵包店工作的少年，很快就做膩了。於是，他去參加一九四三年在拜律特舉行的納粹集會，深受其魅力所吸引。接著證明自己是純種雅利安人之後，獲准加入武裝親衛隊。之後他就被送到東部戰線參加對抗俄羅斯的戰役。

戰爭結束，少年一九四五年於柏林近郊遭法軍逮捕，跟數名該國戰俘一起受審。其他人全都是因為蓋世太保（Gestapo）的成員，或是協助德國等罪名而遭處決或終身監禁，但由於他當時只有十七歲，是受納粹宣傳吸引而做了錯誤選擇加入親衛隊，因此只被判處十個月的徒刑。

但在現實中，他跟僅僅只是受納粹宣傳吸引的純真少年似乎完全不同。在一九八〇年代，當他被問到是否後悔曾替親衛隊工作時，賈瓦表示：「我只對戰敗感到遺憾。」

在《竊賊日記》中，被問到他是否以曾身為親衛隊感到自豪時，他也是認同的。

所以，惹內是受到賈瓦散發的危險邪惡魅力吸引嗎？還是他愛上的是賈瓦健壯又有男人味的體魄呢？他們認識的時候，賈瓦似乎跟個叫魯尼的夥伴一起犯下恐嚇取財的勾當。例如，賈瓦先引誘客人進入房間後，躲在房裡的魯尼就會攻擊客人搶奪財物。

這樣的少年，是當時惹內的同居情人。

另一方面，呂希安在一九四七年跟名叫潔妮（Ginette）的二十五歲女性戀愛，沒多久就結婚了。潔妮在前一段婚姻中生了兩個孩子，被前夫拋棄後，認識了呂希安。

惹內非常疼愛潔妮的孩子們。更為了這一家人在坎城近郊買下土地，想替他們蓋房子。由於蓋屋資金不足，因此花了五年才蓋好，不過惹內似乎認為對呂希安一家的幸福有責任，不斷地寫信給他所知道的每一家出版社，請求他們資助蓋屋資金。

這一點與作家普魯斯特同時愛著情人阿戈斯提奈利及妻子的情況相似。對這些一輩子與家庭無緣的同性戀者而言，深愛的男人與他的家人，或許也能歸為自己的家人。還是說，自己透過參與他的家庭，就能讓自己沉醉在也是家庭一分子的短暫美夢中呢？

寫給法國總統的特赦請願書　尚．惹內⑤

提到這時期最重要的新聞，果然還是由沙特及考克多聯合向法國總統所提出，特赦惹內的請願書吧。惹內在一九三九年至四〇年這段極短的時間裡，因為連續犯罪被捕，所以被判處十個月徒刑。

惹內向法院提訴應減少刑期，但在七個月後要審議此議題而傳喚他出庭時，剛好他因為其他罪刑正在入獄服刑中。並沒有掌握此一情況的法庭，因他的缺席決定加重對他的量刑。這麼一來，刑期不只沒有減輕，最糟的情況還有可能面臨終身監禁。

一九四八年六月，沙特與考克多寫了一封公開信給法國總統樊尚．奧里奧爾（Jules-Vincent Auriol），以〈致共和國總統閣下〉為標題，刊在六月十六日的《戰鬥報》（*Combat*）上。

致總統先生：

懇請您利用您至高的權力，對我們每個人既佩服又尊敬的一名作家尚．惹內，做出一次特赦吧。

因為那個人是尚・惹內。我們深知他的作品超越了文藝的框架，不是巷弄坊間能輕易得見的類別。可是維永（François Villon）或魏崙這樣的前例，促使我們決心為了一位非常偉大的詩人來請求閣下的協助。

尚・惹內的所有創作，都是他在過去顯而易見的過錯中將自己抽離出來。本應藉由這份工作順利從罪惡中獲得救贖，可是最後他所受的懲罰，卻再度讓他不得不沉淪到這股罪惡中。

我們共同提出請求，但願總統先生能夠盡快做下決定，赦免這個未來人生始終會專心於自己創作的男人。

請接受我們最衷心的感謝與最深的敬意。

總統先生

尚・考克多

尚・保羅・沙特

敬上

而這份請願書甚至邀請了作家西多妮－加布里葉・柯蕾特（Sidonie-Gabrielle Colette）、大畫家畢卡索、劇作家保羅・克洛岱爾（Paul Claudel）、名演員路易斯・喬維特（Louis Jouvet）、作家馬歇爾・埃梅（Marcel Aymé）等，在當時極為優秀的人士聯名背書。

請願書這件事迅速變得家喻戶曉，讓惹內傳說再度增添了一筆偉人的傳奇。繼竊賊詩人法蘭索瓦・維永、保羅・魏崙之後，惹內也名列偉大而遭天妒的詩人之內，沐浴在榮耀之中。

而且該說不愧是藝術大國嗎？總之，總統居然正式接受了這份請願書。一九四八年八月，惹內獲得特赦。不過，奧里奧爾總統針對特赦還是開出了兩個條件。其一是未來五年內惹內不得再度犯法；另一個條件，則是必須支付兩萬法郎的罰款。

一九五二年，沙特所著《聖惹內：戲子與聖人》（*Saint Genet: Comedien et Martyr*）終於出版。那是一篇關於惹內的長篇存在主義的論點，以及由此衍生的精神分析。可以說是文學史上幾乎不曾有過的嘗試。沙特也曾做過波特萊爾（Charles Baudelaire）及福樓拜（Gustave Flaubert）等作家的精神分析，但那些人都是已經死去的前人大作家或大詩人。

相較之下，惹內只有四十二歲又是新進作家。既非聞名世界的大作家，而且一般大眾都還不知道他的名字，就算知道也多是以有色眼光來看他，認為他是前科犯、色情作家。

雖然幾乎是不可能的任務，但我們還是勉強試著為各位介紹《聖惹內》的大致內容。

十歲時因為竊盜被他人告發的惹內，被周圍的人刻下了壞孩子的烙印，因此決定主動成為他人所指責的「製造罪惡的自己」。

接下來他又選擇成為「同性戀者」，這麼做讓他更不見容於社會，是一條更加穩固他自我定位的道路。

接著他更進一步地以完全的罪惡為目標，選擇了「背叛」，他向警察密告自己的朋友。就像聖人追求善美，惹內也頑強地不斷追求罪惡。

而沙特甚至用「壯麗」這種耐人尋味的表現方法。就像基督教的奉獻儀式中，祭司藉由祈禱，將祭壇上的麵包與葡萄酒變成耶穌基督的血與肉那樣，沙特給予惹內的「邪惡祭司」這樣的命名，讓他不再廉價而成為偉大的殺手，將背叛者變成聖徒，將囚犯變成玫瑰花朵。

於是，叛逆之人惹內將想像力與言詞當作銳利的武器，顛覆了統治世界的價值階級，以詩人甚至是作家的身分，開創了自我救贖之路。

一開始聽到沙特為自己寫了一本書，惹內真心地感到喜悅。根據賈瓦的描述，惹內捧腹大笑地說道：「你知道發生什麼事了嗎？沙特居然說他寫了篇關於我的文章。我連一張像樣的畢業證書都沒有，居然會有討論我的文章！」

另外還有一個說法，沙特在出版之前將《聖惹內》的原稿拿給惹內看，表示該怎麼處理交由他決定。惹內看了一遍，情緒激動地把原稿扔進火堆裡，但立刻又改變心意從火裡搶救下來，同意讓沙特出版。

可是愈來愈強烈的怒氣，讓惹內終於去對考克多發洩了自己的憤恨。

「你跟沙特將我塑造成一具無法動彈的雕像。但我是另一個完全不同的人。這個另一個人，現在必須說出該說的話。」

幾年之後的專訪中，惹內被問到讀《聖惹內》時的感想，惹內清楚地表示，看到自己被他人赤裸裸地剖析，讓他感到很不愉快。

可是無論惹內自己願不願意，該作品在當時仍替文學界帶來衝擊也引起喝采。它被翻譯成多國語言版本，後來也成為沙特的代表作之一。現在若要談論惹內，這本書絕對無法略而不提。

然而殘酷的是，因為《聖惹內》將自己創作的祕密赤裸展現，使惹內陷入嚴重的低潮，後來度過了漫長十年的空白時期。

之後，他又振作起來，那段時期創作了《女僕》（Les Bonnes）、《陽臺》（Le Balcon）、《屏風》（Les Paravents）等戲劇。這些作品都與尤內斯庫（Eugene Ionesco）及貝克特（Samuel Beckett）齊名，成為名列二十世紀戲劇代表作之一，但實際上從那之後，他沒再寫過一本小說。

後來惹內遠離創作，投入「黑豹運動」等各種政治運動，在「行動」的時代中度過，這些故事，我們若有機會容後再敘。

以拍攝少年裸照聞名的德國攝影師威廉・普魯邵（Wilhelm Plüschow）的作品。他也
曾將少年模特兒當作情人。

Chapter 6

現代的
同性戀

二十世紀的同性戀

同性戀的平權運動

一八七〇至一九四〇年左右，巴黎與柏林成為許多同性戀者的聚集中心。在巴黎，以公園、塞納河畔、劇場包廂、舞廳等地成為同性戀者主要的聚集地點；而據說柏林當時則約有兩萬兩千名男妓。

歐洲許多的知識分子、藝術家及中產階級，都前往國外去追求同性戀的冒險。例如，以西西里島為主要工作地點拍攝美少年裸照的馮・格魯登（Wilhelm von Gloeden）男爵，以及到北非旅行與為錢賣身的少年有過甜美性經驗的法國作家安德烈・紀德等等。

傑佛瑞・梅爾斯（Jeffrey Meyers）在一九七七年發表的《同性戀與文學1890-1930》（*Homosexuality and literature, 1890-1930*），就是探討同性戀與二十世紀藝術之間關係有多麼密切的劃時代書籍。

他舉了奧斯卡・王爾德、安德烈・紀德、湯瑪斯・曼、馬塞爾・普魯斯特、D・H・勞倫斯（David Herbert Lawrence）等作家為例，認為二十世紀幾位世界級重要作家與同性戀的關係密不可分。

當然，擠身世界文壇之列的一流作家中，同性戀者不在少數。但是，以往讀者通常是在不太清楚他們的同性戀傾向下閱讀了他們的作品。而研究者也刻意不提及這一點。

不過，在一九三〇年之後，情況有了大幅度轉變。因為像尚・惹內或楚門・柯波帝那樣勇敢出櫃，將同性戀情做為文學創作主題的作家們紛紛出現。

但是，普世對同性戀的歧視，並沒有那麼容易消失。尤其在納粹德國時期，同性戀是犯了刑法第一七五條的罪，許多同性戀者就跟猶太人一樣遭到屠殺。即使是美國在二戰後，也將同性戀與共產主義相連結，換句話說就是對同性戀者進行「獵巫行動」。例如：肅清士兵與軍官、FBI介入調查，以及付諸媒體公審等等。

一九五〇年代之後，美國及西歐同性戀者的社交網路和團體公然地在公開場合出現，開始了反歧視行動。一九五三年，美國最早的同志團體馬太辛協會（Mattachine Society）的一名成員所做「我們知道自己與他人沒有不同」的聲明，獲得眾人的喝采。

當時的同性戀者平權運動只是同化主義下的產物，要求廢除不公平的制度，主張自己與異性戀者是相同且平等的。然而，一九六九年在美國紐約發生的「石牆暴動」（Stonewall riots，又稱石牆事件）則大大地改變了同性戀權利運動的風貌。「石牆」是間同性戀酒吧，警察在例行的臨檢搜查時，與在場的同性戀者爆發衝突，並持續了五天暴動的一起事件。

過去同性戀平權運動的進行，相對而言是比較溫和的，但在一九七〇年代之後，就轉變成較為激進的抗爭，而這起事件就是其中的轉捩點。

初次被男人擁抱而顫抖的時刻　田納西・威廉斯①

二十世紀美國最具代表性的劇作家田納西・威廉斯（Thomas Lanier Williams III，筆名Tennessee Williams），一輩子都帶著一個無法切割的女性陰影……那就是大他兩歲的姊姊蘿絲（Rose）。

田納西的代表作之一《玻璃動物園》（The Glass Menagerie）中，有名不良於行的少女蘿拉（Laura）。少女非常內向，對自己的雙腿殘障感到自卑，不願意出門也不跟他人接觸，日復一日，擦拭著她日積月累收集而來的動物玻璃收藏品。

她的原型就是田納西的姊姊蘿絲。蘿絲雖然沒有不良於行，卻患有重度的精神障礙。

蘿絲是個美麗的女孩，時尚品味也很好，兩姊弟的感情非常好。田納西小時候每天晚上都會跟蘿絲去聖路易大道上散步，兩人會邊走邊對洋裝店品頭論足一番。散步回家之後就到姊姊房間裡，繼續聊個不停。

不過，後來田納西有了要好的同學，也開始對創作產生興趣，更何況已經開始意識到花樣年華的姊姊變得美麗了，因此有意拉開兩人的距離。就在田納西疏遠蘿絲的同時，蘿絲的精神異常也開始悄然發展。

漸漸地她怪異的言行愈見頻繁。蘿絲從小就有學習鋼琴與小提琴，有次在音樂學校舉辦的小提琴獨奏會，演奏到一半時忽然被恐懼襲擊，全身動彈不得。周遭人見狀，慌忙地將全身顫抖不斷啜泣的蘿絲帶回休息室。

毋庸置疑的，他們的父親康尼留斯（Cornelius），也是導致她病情惡化的原因之一。

康尼留斯的家世顯赫，祖先包括了田納西州最早的參院議員、田納西州初代州長、西部地區（田納西成為一州之前的稱呼）初代長官等。但是，他並未從政，而是個賣鞋與衣服的商人，一旦遭遇挫折就喝酒、賭博、玩女人，把自己的生活搞得一塌糊塗。

每天父親下班回家後，家裡的氣氛就會忽然改變。用力的甩門聲、大聲怒斥、踹飛家具的撞擊聲、粗重的腳步聲，以及日復一日父親與母親吵架的吼聲。

孩子們都非常害怕，神經質比一般人加倍敏銳的蘿絲更是影響甚鉅。隨著她逐漸長大，開始受到幻覺的困擾，經常會懷疑食物裡面遭到下毒，或是覺得有人偷窺她而吵鬧不休。

雖然如此，蘿絲有段時間還是交到了男朋友。她每週出門約會一、兩次，家裡電話一響，蘿絲就會既緊張又期待是男朋友打來的。一天，她約了男朋友到家裡作客。但喝醉酒回家的爸爸爛醉如泥地躺在客廳裡，不管怎麼拜託他都不肯回房。

蘿絲憤怒地向父親抗議，酒醉的父親就搧了她一巴掌。陷入半瘋狂狀態的蘿絲衝到馬路上，大吼著要叫警察來抓她爸爸！

結果蘿絲因此住進了精神病院，但她在醫院裡還是嚷嚷著一些低俗的話，行為失控得難以駕馭。由於病情不斷惡化，她也開始反覆地進出醫院。

為了逃離父親的暴力、學校裡的霸凌，以及姊姊的精神異常，田納西很早就將精神寄託在寫詩與小說上，並投稿學校的校刊。

跟同性陷入初戀，是在他就讀密蘇里大學的時期。對方是他的室友，一名有著黑髮與漂亮眼睛的青年。某天夜裡，田納西在黑暗中感覺到對方的手指正在撫摸自己的手臂與肩膀。對方慢慢地將身體貼向他，晚熟的田納西卻只是微微顫抖。

兩人漸漸地愛上彼此。當田納西躺在草皮上休息時，青年就會靠近他，把手伸進他的襯衫裡撫摸他的胸部。兩人就這麼抱著彼此接吻，在草地上四肢交纏……不過也就僅止於此。

某天晚上，兩人到類似露天酒吧的地方喝酒，喝到爛醉後回家。回到宿舍後，青年一進寢室就緊緊抱住田納西。但是田納西因為太緊張又喝了酒，就吐了一地。青年替他擦去了嘔吐物，脫下田納西的衣服後讓他躺在床上，自己也躺在他身邊抱著他的身體。田納西顫抖得連床都跟著抖動。最後，青年整個晚上只是這麼抱著他，田納西也就這麼一直發抖到天亮。

從這個美少年到下個美少年的華麗愛情冒險　田納西・威廉斯②

這麼純情的青年，後來卻變成一個幾乎可說是性成癮的男人，美少年一個換過一個，再從一個男人換到下一個男人，反覆地經歷愛與性，這點任誰都想不到吧。

這段時間田納西還是繼續作詩、寫劇本，並投稿雜誌社，他立志成為劇作家，於是在一九三七年離開家裡，進入愛荷華大學就讀戲劇學程。在他離家期間，家裡發生了令人震驚的大事，姊姊蘿絲接受了腦前額葉白質切除手術。

蘿絲不斷反覆進出醫院，每每從醫院回家，幻覺的病況就會劇烈發作。這是否因為父親的暴力相向，或如部分人士所猜測的遭受父親的性侵害所致，不得而知。但很明確的是，蘿絲只要一回家幾乎都陷入嚴重的歇斯底里狀態，持續幾天都平靜不下來。

無計可施的醫生，建議田納西的父母親讓蘿絲接受腦前額葉白質切除術。手術就在田納西不知情的情況下進行，田納西得知之後，受到極大打擊，認為如果他在場，一定能夠阻止這場手術，因而自責不已。而這份罪惡感也永遠糾纏著他不曾消失。

不論是《玻璃動物園》裡的蘿拉，還是《欲望街車》（A Streetcar Named Desire）裡的布蘭琪（Blanche），他所寫的戲劇裡的主角們，每個都像玻璃藝品般脆弱纖細，在嚴苛的現實中不知如何自處，只能靠幻想來支撐自己的孤單女子。她們是姊姊蘿絲，同時也是田納西自己。

總之，在愛荷華大學學習演技、舞臺裝置、實驗劇、古典戲劇、現代戲劇、文學等課程的田納西，之後去了紐奧良，以法國區（The French Quarter）這個平民區一帶的旅社為家，一邊做服務生打工，一邊持續創作他的戲劇與小說。

這段時期田納西將一幕劇本寄到集社劇團（Group Theatre）參加甄選，某天對方寄來通知，他的作品獲得特別獎並贏得了一百美元。

他的作品被送到在業界具有強大影響力的作家經紀人奧黛莉・伍德（Audrey Wood）面前。伍德很喜歡田納西的作品，立刻寄給他前往紐約的車資。田納西一到紐約就直接前往伍德的辦公室。在這之後，兩人就以作家與經紀人的形式合作無間。

提到田納西・威廉斯的成名作，怎麼說應該都是《玻璃動物園》吧。一九四四年十二月，由女演員勞蕾特・泰勒（Laurette Taylor）主演，在芝加哥首演，但是票房非常不好，隔天就立刻決定終止公演。

然而，《美國先鋒報》（*Chicago Herald-American*）及《芝加哥每日論壇》（*The Chicago Daily Tribune*）給予這部戲正面評價，因此風向忽然一轉，隔月大半演出的票都賣光。在紐約的演出，所有觀眾都起立鼓掌，舞臺布幕反覆升降了二十次。

《玻璃動物園》贏得了紐約劇評人獎的當季最佳戲劇獎，田納西一夜成名。在此前後，他的戀愛人生也起了很大的變化。他開始了宛如性成癮般的驚人生活，讓人完全無法聯想到當年那個稍微碰觸就抖得猶如風中落葉的純情青年。

田納西在一九七五年所發表的回憶錄中，極為赤裸地敘述了他「釣男人」的行徑。例如跟作家朋友一起在時代廣場附近，到船員跟士兵會聚集的街道上去。只要發現中意的對象，就立刻上前並談好價錢後邀對方上床。

或者是入住知名飯店，每晚在飯店的泳池或三溫暖狩獵有魅力的男人，並把他帶回房，後來還被飯店負責人列入需注意的名單內。

一九四八年田納西前往羅馬旅行，對於喜歡物色俊美青年的他而言，那裡就像是新天地。路上有許多讓人眼睛一亮的俊美青年，只要開口邀請都會乖順地跟著走，連玩慣了的田納西都驚訝不已。據說也因為如此，數不清的「有如米開朗基羅雕像般擁有健美身材的青年」成為他的床伴。

田納西的邂逅中，其中一名特別俊美的青年就是沙瓦托雷（Salvatore）。他在威尼斯漫步時，見到這位坐在咖啡廳裡「讓我以為是森林和田野之神佛恩烏斯（Faunus）」的俊美青年。

沙瓦托雷很輕易地就接受他的邀請，田納西帶他回住宿的怡東酒店（Hotel Excelsior），不用服務生的好奇目光，直接就帶他進房。

在飯店的房間裡，田納西透過字典跟青年溝通。青年指了指「爸爸」這個單字，表示如果他外宿，就會被他那個當憲兵的嚴厲父親拷問。接著又指著「明天」這個單字，對他露出性感的笑容。

田納西立刻在極光街（Aurora）上找了一間出租公寓搬進去，並要沙瓦托雷離開父親家之後到這裡。田納西替他買了新衣新鞋讓他穿上，沙瓦托雷立刻判若兩人。

早上醒來，田納西看著睡在身邊的青年的純真笑容，按下枕頭旁的按鈕，然後公寓女主人恭恭敬敬地為他們送來早餐……羅馬報紙以〈田納西・威廉斯在羅馬的春天〉為題大肆報導，甚至還在版面上排放了沙瓦托雷偎在他身邊吃早餐這一幕的照片。

這輩子最愛的男人「小馬」 田納西・威廉斯③

但是，性生活如此放蕩的田納西，還是遇上了這輩子的最愛。對方是法蘭克・梅洛（Frank Merlo）。時值一九四七年，田納西跟曾經在新墨西哥的飯店當櫃檯人員的潘秋・岡薩雷斯（Pancho Rodríguez y González）同居中。

潘秋是個嫉妒心強又性格激烈的男人，例如田納西跟朋友們在酒吧喝酒時，他會忽然醉醺醺衝過來罵一串髒話，還惡狠狠地放話說：「我會做些什麼事，等你回飯店房間就知道了！」等田納西回房之後，只見衣服被他扯得破破爛爛，打字機也被他摔壞了。

兩人總是激烈地爭吵，互毆，然後等吵累打累了最後就靠做愛來和好……日復一日地反覆發生。而因為田納西毫無節制的放浪形骸，讓兩人之間的裂痕愈來愈大。

後來田納西在普羅威斯頓（Provincetown）下榻時，在夜店兩人又老樣子地開始吵起來，潘秋抛下他衝出門外。

萬般無奈的田納西走到陽臺，只見一名青年手搭著欄杆正在抽菸。穿著合身牛仔褲的背影讓田納西移不開視線，這時青年緩緩轉過身來對他一笑。這就是他與法蘭克相識的瞬間。

法蘭克當時二十五歲，義大利裔美國人。是個有著勻稱體格與茶色大眼的俊美青年，因為臉型較長，田納西還替他取了「小馬」的暱稱。

相識數分鐘之後，法蘭克就坐上田納西所駕駛的龐帝克（Pontiac）轎車。兩人開到半途停下車，在夜晚的沙丘上熱情地擁抱彼此。後來田納西回想起此事，認為當時就像是作夢一般。

深夜，踏上歸途的田納西走在坡道上時，只見一對車頭燈急速朝他接近。他慌忙閃到路邊避開車子，但潘秋卻「恐怕帶著想撞死人的殺意」繼續追撞他。生命受到威脅的田納西逃到海邊的木棧橋下，躲避對方。

追丟了田納西的潘秋口裡邊嘟囔著邊往其他方向跑去，田納西則渾身濕透地爬上木棧橋，總算可以回去。

回到紐約之後，田納西退租了之前的住所，在雀兒喜區租了一間公寓。某天下午，當他正在工作時，忽然有人激動地敲著鎖上的大門。潘秋找到這裡來了。正當他想檢查門是否有被敲壞時，潘秋居然想跨過山形牆上的窗框闖入。田納西又拚了命地衝到窗邊趕緊把窗戶鎖上。

這時屋外四周已經聚集了一堆人在看熱鬧。潘秋站在窗緣下，死命地把窗戶敲到破掉為止。之後總算有人報警，警察趕了過來。被警官押著肩膀帶走的潘秋回頭望著他，滿臉淚水，田納西不由得感到於心不忍。最後，在友人居中協調下，他送給潘秋一大筆分手費解決了這件事。

而這段時間內，田納西的代表作之一《欲望街車》也打算在一九四一年十一月初，於新哈芬市（New Haven）開幕。選上的導演，是當時的賣座名導伊力・卡山（Elia Kazan，以執導《伊甸之東》〔East of Eden〕、《岸上風雲》〔On the Waterfront〕等片而知名）。

當田納西正待在麻州鱈魚角（Cape Cod）的小木屋時，伊力・卡山打了一封電報給他，告訴田納西一個年輕男演員正要過去找他，請田納西讓他念一念史丹利（Stanley，《欲望街車》的第二主角）的臺詞。

男演員的名字就叫馬龍・白蘭度（Marlon Brando）。白蘭度當時才二十三歲，在伊力・卡山開的演員工作室（The Actors Studio）上初學者課程。當時還沒有固定住所，要找到他人並不是那麼容易。好不容易聯絡到他之後，卡山給了他二十美元，命令他去田納西那裡一趟。

但是，田納西等了兩三天，就是沒看到白蘭度的人影。正當他打算放棄時，白蘭度跟一個有點怪怪的女孩結伴出現了。原來他把拿到的二十美元都用來吃飯，然後跟著那個女孩一路搭便車輾轉來到這裡。

後來田納西寫道：

「白蘭度人很好，是個可愛的年輕人。第一次見到他，就覺得他俊美得令人吃驚。他還幫我修好壞掉的水管，也修好不亮的電燈。接著他才緩緩坐下，開始讀起劇本。」

《欲望街車》於一九四七年十二月在百老匯首演，結果非常成功。觀眾的掌聲不絕於耳，《紐約時報》（*The New York Times*）在報導上寫著：「田納西・威廉斯展現了他確實是史詩級的劇作家。他是個徹底了解人性，並且對人類非常寄予同情的作家。」給予了極高的評價。

這部作品獲得了紐約戲劇評論獎（New York Drama Critics' Circle Award）及普立茲獎（Pulitzer Prize），「田納西」變成全美家喻戶曉的名字。其後《欲望街車》在倫敦的劇場公演，由勞倫斯・奧立佛（Laurence Kerr Olivier）製作，費雯麗（Vivien Leigh）主演。接著更決定改拍成電影，由伊力・卡山執導，費雯麗與馬龍・白蘭度主演。

在這段時間前後，田納西也與法蘭克・梅洛開始同居了。雖然一開始是歡愉讓兩人有所交集，不過之後展開的是更加精神層面，更為生活面的關係。

法蘭克成為田納西的支柱、左右手，從管理他的家中到人際關係，全方位地替他打點好。儘管如此，他並非是為了討好田納西或曲意侍奉田納西，更不是想利用田納西，而是個真摯誠懇的男人。

隨著戀人的去世，創作泉源也跟著消失　田納西・威廉斯④

一九五四年前後，就在完成代表作之一《熱鐵皮屋頂上的貓》（Cat on a Hot Tin Roof）時，田納西的精神狀態也出現了危機。燃燒生命般廢寢忘食的創作，在戲劇的成功失敗間憂喜交錯的焦慮中，據說他只能靠著酒精、安眠藥與興奮劑勉強維持幾乎要崩潰的精神。

在這樣宛如瀕臨懸崖邊的狀態下，跟法蘭克的關係也出現了裂痕。

當他住宿底特律的飯店時，法蘭克也帶著愛犬——名叫撒旦（Satan）的比利時牧羊犬來到了旅遊地。

那天晚上田納西一進房間，只見撒旦就像個衛兵似的守在法蘭克的床邊。田納西沒當一回事就爬上床，撒旦卻忽然攻擊他。就在那隻狗咬住田納西腳的瞬間，聽到慘叫聲的法蘭克也急忙衝向前來將人狗分開。

田納西的兩腿腫得跟象腿一樣，被救護車載到醫院去。他的傷口感染了葡萄球菌而化膿，幸好逃過一劫。最後在田納西的要求下，撒旦被送到獸醫那裡執行了安樂死。不可否認，這件事在法蘭克心中留下難以抹滅的傷痕。

接著，自一九六〇年開始，法蘭克的健康狀態開始惡化。因為他拒絕做愛，田納西於是轉而勾搭其他男人。

一天，田納西趁著法蘭克去紐約的醫院做檢查而不在家時，田納西就把認識的年輕畫家帶回家。法蘭克的朋友剛好上門來吃頓飯，這個朋友回去後就打電話告訴法蘭克，田納西與畫家之間的關係看起來非比尋常。

法蘭克立刻搭了飛機回去，但田納西卻毫無愧色，還故意在他面前跟年輕畫家狀似親暱。他不否認他就是想要引發法蘭克的嫉妒心，享受嗜虐的喜悅。

法蘭克忽然衝向畫家掐住他的脖子，田納西便拿起電話報警，結束了這齣鬧劇。隔天一早，田納西一句話都沒跟法蘭克說，就把書房的所有稿子都打包堆上車，要跟畫家一起走。

法蘭克在這段時間內都佯裝冷靜地坐在陽臺的椅子上，等到車子發動引擎時，他才離開陽臺衝下樓。

「我們在一起十四年，你甚至不肯跟我握個手就要走了？」

田納西一言不發地握了他的手，便帶著畫家走了。但他很快又跟這個畫家分手，接著跟一個年輕詩人開始同居。這之後他就只是勉勉強強地繼續支付祕書的薪水給法蘭克，可以說情侶關係到此為止了。

然而一九六二年的一天，田納西接到一個朋友打來的電話，他說法蘭克在曼哈頓的醫院動肺癌手術。根據朋友的轉述，在咖啡店聊天談笑時，法蘭克忽然就趴在桌上吐了一堆鮮血。他被送到醫院照X光，發現肺部有個陰影。那段時間法蘭克一天抽四包菸，菸抽得很凶。

田納西大受打擊。直到這時他才明白，自己跟以前一樣還愛著法蘭克。過去如此，而且未來也會是如此……

法蘭克住的紀念醫院（Memorial Hospital）是一間癌症專科醫院。田納西趕到醫院時，法蘭克正在進行手術中。法蘭克開完刀被送進恢復室後，他就一直緊握著法蘭克的手。

但是，醫生後來又告知他更殘酷的事實。法蘭克肺部癌細胞已經擴散到接近心臟的地方，無法進行手術，所以打開胸腔也只能再縫回去而已。聽到法蘭克只剩下半年的壽命，田納西雙眼迸出了淚水。

出院之後，田納西把法蘭克接到自己與詩人同居的房子裡。意外的是，法蘭克居然也接受這樣的安排。法蘭克睡在之前兩人共用的寢室裡，田納西與詩人則睡在樓下的寢室。

過了醫生所宣告的半年，法蘭克仍然活著。雖然逐漸衰弱，但他靠著頑強的意志力與自尊心支撐著。而且也沒有對詩人表現出嫉妒的樣子。或者更該說，對他而言，詩人就像不存在似的。

最後法蘭克什麼都吃不下，體重也剩下四十五公斤左右。醫生說現在只能觀察他的癌細胞接著又要轉移到哪個部位，其他已無能為力。田納西讓詩人搬到別處，只跟法蘭克兩人留在公寓裡。

「現在回想起仍是難過」，因為他每天晚上都會聽到法蘭克將房門上鎖的聲音。即使已經形削骨立了，他還是認為田納西會進房找他，貪求他的肉體嗎？

癌細胞狠狠地吞噬著法蘭克的身軀，他再度住進了紀念醫院。但他居然被粗心地安排在腦癌手術患者們所住的病房。田納西提議讓他去住單人房，法蘭克卻興致缺缺地回答他：「事到如今，住哪裡都是一樣的，反而跟大家一起住還比較好呢。」

因作品《牛奶車不再靠站》（The Milk Train Doesn't Stop Here Anymore）首演而待在維吉尼亞州阿賓頓（Abingdon）的田納西，收到朋友通知說法蘭克的病情忽然惡化了。他趕回醫院，寸步不離地守在病床邊，但法蘭克卻一刻都停不下來。他從床上爬起，搖搖晃晃地坐在椅子上。過了兩三分鐘，又搖搖晃晃地躺回床上。

田納西問他怎麼不好好睡一會兒，法蘭克說他有點煩躁，因為之前接見探病的客人太累了。

「那我也回去好了。」

「不用。我比較習慣有你在。」

這句話在田納西聽起來，就像是愛的告白一般。因為法蘭克平常不是個會說甜言蜜語的人。

莫非是因為已經到了這個時候，所以法蘭克原諒田納西了呢？或許是自知愈來愈接近死亡，因此寧願在田納西殷勤的照護下死去，甚至為此感到一些喜悅也說不定。

沒多久之後，法蘭克搬進了單人房。當然是為了臨終而準備的。法蘭克一語不發地躺著望向別處，田納西以為他睡著了，就走出病房。

他無法忍受這樣的狀態，於是跟一些朋友到酒吧灌醉自己，半夜回到家時，電話鈴聲響起，是法蘭克的好朋友打來的。

「田納西，法蘭克走了。發生得太突然了。護士要替他打針時，他忽然喘得很厲害，才一坐起來又馬上倒回床上。醫生盡快趕到卻還是來不及。」

這麼一來，自己還有法蘭克的痛苦都結束了……一瞬間，田納西有這樣的感覺。可是並沒有這麼簡單。由於法蘭克的死去，讓他進入生涯中最漫長的黑暗時期。

法蘭克的存在，簡直就像是他過去寫作的能量一般。而隨著法蘭克的離去，他的創作泉源彷彿也消失了……這也開啟了後來整整七年，田納西漫長、苦悶，而且無能為力的時代。

缺少來自家人的愛　柯波帝①

著有《第凡內早餐》（*Breakfast at Tiffany's*）、《冷血》（*In Cold Blood*）、《另外的呼聲，另外的屋子》（*Other Voices, Other Rooms*）等代表作的美國知名作家楚門・柯波帝，一九二四年出生於路易斯安那州的紐奧良。母親莉莉・梅（Lillie Mae Faulk）當年才十八歲。

母親是人見人誇的金髮美女，她從懂事以來就嚮往著大都會的絢爛生活。對她而言，搭乘豪華轎車、每天都送花給她、大他九歲的阿克琉勒斯・伯森斯（Archulus Persons，柯波帝的父親）就是個理想的結婚對象。

但事實上，亞契是個舌粲蓮花的輕薄男人。他的本業是密西西比河遊艇的銷售員，對於拳擊或表演、競賽等各種事物都會下手投資，妄想一夕致富，但沒有一項是做得長久的。

覺得自己美夢破碎的莉莉・梅，一段時間後對丈夫死了心，沒多久就開始搞外遇。在八年短暫的婚姻生活中，外遇的男人據說高達二十九人，而且這是阿克琉勒斯的說法，因此可能還是保守估計下的數字。

但是年幼的柯波帝，卻對母親數不清的情事記得一清二楚。她在火車上會跟偶然四目交會的男人看對眼，把兒子趕到觀景窗旁後，自己跟男人就在火車包廂裡做愛。她也會把年幼的兒子關在房間裡，上了鎖之後出門尋找獵物。柯波帝不安且寂寞地哭個不停，孤孤單單且殷殷企盼母親快點回來。

這些記憶對柯波帝造成了一輩子的心理創傷。他的心總是在傾慕母親需索母愛的心情，以及對母親的憎惡怨恨，這兩種相反的想法間糾葛。

柯波帝的作品中《耶誕節的回憶》（*A Christmas Memory*）及《感恩節的訪客》（*The Thanksgiving Visitor*）等，事實上都是描述他在阿拉巴馬鄉下童年時期的作品。由於父母親都不肯負起養育責任，小柯波帝有好幾年時間是在阿拉巴馬州的鄉村小鎮門羅維爾（Monroeville）度過童年。

他的落腳處是母親那邊的遠房親戚。僅由單身而且年齡差距甚大的男女們組成的家族成員中，大了他五十歲的蘇柯（Sook）老表姊，成為小柯波帝的心靈支柱。渴求父母之愛的小男孩，與不被周遭人理解並視為怪人，卻擁有純淨少女心靈的中年女性，兩個孤獨的靈魂跨越年齡的差距相依為命。

一九三一年一月，徹底對丈夫死心的母親莉莉・梅終於還是跑到紐約去了。一邊在餐廳工作，一邊仍是做著奢華翻身的美夢，並且物色著能夠滿足這些條件的男人。

終於，古巴出生的西班牙男子約瑟夫・賈西亞・柯波帝（Joseph Garcia Capote）在她面前出現了，華爾街衣料服裝代理公司的業務部長，富有且愛玩。兩人很快就喜歡上彼此，跟阿克琉勒斯辦了離婚之後又跟約瑟夫再婚的母親，三五年內就取得十歲兒子的撫養權。

再婚之後，母親把自己名字改成比較都會時尚風的妮娜（Nina），柯波帝也從楚門・史崔克福斯・伯森斯（Truman Streckfus Persons）改名為楚門・賈西亞・柯波帝（Truman Garcia Capote）。

好不容易可以跟母親一起住了，但柯波帝的心靈卻依舊空虛。母親迷戀著再婚的對象，總是和他不計花費地去賽馬、看戲、去夜店玩樂等，卻從不多看兒子一眼。

原本母親就不是那種充滿母愛的女性，而且她討厭柯波帝的最大理由，就是他長得像個女孩。柯波帝身形嬌小、容貌可愛，而且也像女孩子一樣有雙手抱胸的習慣。對妮娜而言，每一個特質都讓她深惡痛絕。

但是從十三至十四歲起，柯波帝開始發揮了他的本領，成為班上的風雲人物。他既聰明又博學，而且非常風趣，很會說話。因為渴望他人的關愛，所以總是想討他人喜歡，很有服務奉獻的精神。

他很早就嶄露了過人的文采，他撰寫了短篇〈露西〉（Lucy）並投稿格林威治高中（Greenwich High School）的藝文校刊。他八歲接受智力測驗時，獲得了二二五分的異常高分。儘管如此他對學科的好惡非常鮮明，高智商並沒有表現在成績上。

比自己年長二十四歲的第一位同性戀愛對象　柯波帝②

一九四二年，全家離開住了一段時間的康乃狄克州格林威治，搬到紐約。柯波帝開始在《紐約客》（*The New Yorker*）週刊的美術部門擔任臨時的影印小弟，開啓了往後寫作生涯的契機。

關於當時的柯波帝，《紐約客的故事》（*Here at The New Yorker*）的作者布蘭登・吉爾（Brendan Gill）這麼寫道：

「他穿著彷彿領先一般人二十五年的奇裝異服。披著黑色劇場披風、長金髮垂至肩膀，神色自若地走在《紐約客》的走廊上。天鵝絨布料上點綴著百合花的打扮，就像是內華達州的奧斯卡・王爾德似的。」

《紐約客》是當時最前線的雜誌，刊載的作品文筆洗練，散發著都會氛圍，評價非常高。儘管柯波帝是打雜的，但肯定已經虎視眈眈覬覦著作家身分。或許連他這樣的穿著打扮，都是想要引人注目的精心算計也說不定。

不過，他卻因為不小心得罪了知名詩人羅伯特・佛洛斯特（Robert Lee Frost），而遭到《紐約客》開除。於是，在一九四四年又暫時搬回阿拉巴馬的親戚家，在那裡動手撰寫他的第一部長篇小說《別的聲音，別的房間》（*Other Voice, Other Room*）。

花費了幾個月的時間，他完成了《別的聲音，別的房間》第一章，以及數則短篇小說，之後再度回到紐約。接著，陸續在一九四五年六月號的《少女》（*Mademoiselle*）雜誌上發表短篇小說〈蜜莉亞〉（Miriam），在同年十月號的《哈潑時尚》（*Harper's Bazaar*）發表了〈夜之樹〉（A Tree of Night），在十二月號的《少女》雜誌發表了〈銀酒壺〉（Jug of Silver）等作品。以二十歲的年輕之姿，一躍成為新銳作家受到大眾關注。

自此之後，他就發展得頗為順利。大約在這時他去見了藍燈書屋（Random House）的總編輯林斯考特（Linscott），簽下長篇小說《別的聲音，別的房間》的出版契約。

一九四六年五月一日至七月十七日，柯波帝在位於紐約州北部薩拉託加泉（Saratoga Springs）的亞多（Yaddo）藝術村，度過了兩個月半的時間。他與第一位同性戀人牛頓・亞文（Newton Arvin）命中注定的邂逅，也在這裡發生。

牛頓生於一九〇〇年，這時四十五歲。他在後來撰寫的赫爾曼・梅爾維爾（Herman Melville）評傳深受好評且獲得全美圖書獎，是位敏銳的美國文學研究家，也是名校史密斯學院（Smith College）的文學教授。

牛頓對自己是個天生的同性戀抱有罪惡感，還嘗試自殺過三次。但他很快就深受這名可愛的二十一歲天才少年所吸引。而這個年紀大得可以當他父親，乍看之下嚴肅又不起眼的學者，柯波帝卻看見了他內在能成為自己人生與文學導師的那一面。

接著在一九四八年一月，柯波帝在《別的聲音，別的房間》的扉頁寫上對情人牛頓的獻詞後出版。故事是一名纖細的少年喬爾（Joel）要前往美國南部一座廢墟般的村子，造訪未曾謀面的父親，並描述了他精神上成長過程中各種內在的掙扎，是部自傳色彩濃厚的作品。

作品的評價毀譽參半，尤其最遭人詬病的，是封面竟放著作者本人的照片。靠在沙發上，用水亮雙眼誘惑般看著鏡頭的少年，彷彿在暗示小說中藍道夫（Randolph）與喬爾之間的同性戀情，對社會造成極大的衝擊。

不過這樣的宣傳效果非常好，作品成為純文學中的特殊例子，在兩個月內賣了二萬五千本並成為暢銷書。於是「柯波帝」一躍成為家喻戶曉的名字。

他與牛頓之間的戀情也同時進行著。每天都會寫一封信給彼此，柯波帝還努力地搭四個小時的火車前往牛頓位於麻州北安普敦的公寓。

但是，柯波帝還會出席牛頓在大學中開的課程，也不忌諱旁人目光高調公開兩人的關係，這種做法對於唯恐他人知道自己同性戀傾向的牛頓而言，逐漸感到厭煩了。

柯波帝提議牛頓兩人乾脆同居時，個性孤僻、經常需要獨處時間的牛頓立刻拒絕。最後兩人的關係就在一九四九年走向盡頭。

第二個情人也是年長者　柯波帝③

這個時候，他的第二個情人出現了。是比當時二十四歲的柯波帝年長十歲的傑克・

鄧菲（Jack Dunphy）。他是愛爾蘭移民家庭的長子，志願是當小說家。自從當女演員的妻子瓊・麥克拉肯（Joan McCracken）為了外遇男友離開他之後，他便不再信任女人，開始有了同性戀的傾向。

一九四九年五月十四日，柯波帝跟傑克搭乘伊莉莎白女王號郵輪前往歐洲進行為期三個月的旅行。講究派頭的柯波帝的目的並非探訪古蹟名勝，而是去見見走在時代尖端的名流。

他在英國見到了塞西爾勳爵（Lord David Cecil）、毛姆（William Somerset Maugham），在法國也見了詩人尚・考克多、諾貝爾文學獎得主阿爾貝・卡繆（Albert Camus）。而且柯波帝還誇耀說同為同性戀的卡繆對他一見鍾情，也在床上翻雲覆雨過，但真偽如何我們不得而知。

一九五一年，二十七歲的柯波帝出版了他充滿阿拉巴馬州時期回憶的記敘式小說《草豎琴》（*The Grass Harp*）。之後，在好萊塢名製片大衛・賽茲尼克（David O. Selznick，以電影《亂世佳人》〔Gone with the Wind〕聲名大噪），以及名導約翰・休斯頓（John Huston）的委託下，開始編寫這本書的電影劇本，也是在這個時候結識了伊莉莎白・泰勒（Elizabeth Taylor）、英格麗・褒曼（Ingrid Bergman）、蒙哥馬利・克利夫特（Montgomery Clift）等多位知名巨星。

正當一切看似一帆風順時，一九五四年，發生了在柯波帝心中留下深刻傷痕的事。他的母親妮娜吞食大量安眠藥巴比妥（barbiturates）自殺了。

一直都因丈夫約瑟夫的外遇問題而感到苦惱，每天過著用酒精麻痺自己的日子，後來又發生了更致命的打擊。那就是約瑟夫投資服裝市場失敗，花費了公司大量的資金這麼糟糕的事。於是他們家經濟陷入困境，富豪夢想再度破滅的妮娜瀕臨崩潰邊緣。

母親的死帶給柯波帝嚴重的打擊。這個曾令他如此又愛又恨的母親，他就這樣徹底地失去了她。

一九五八年，三十四歲的柯波帝出版了小說《第凡內早餐》。追求自由與快樂的年輕女主角荷莉・葛萊特利（Holly Golightly）認為，「人生的每一刻都要當成假期度過」。這部由奧黛麗・赫本（Audrey Hepburn）主演，知名度極高的電影，相信不少人應該都聽過。不過，據說柯波帝在寫這部小說時，是以瑪麗蓮・夢露（Marilyn Monroe）為女主角範本，並屬意由她擔綱演出。

柯波帝在將作品改編成劇本、並於百老匯上演音樂劇等這段時間，與他稱之為「天鵝女郎」（swans）的社交界、演藝界最美麗的女性們頻繁地密切往來。有人說，他這樣的行為在某種意義上，或許是在她們當中尋找他所失去的「母親」。

例如，CBS的總裁夫人貝比・佩利（Babe Paley）、資產家勞爾・金尼斯（Loel Patrick Guinness）的夫人葛洛莉雅・金尼斯（Gloria Guinness）、肯尼・基斯男爵（Sir Kenneth Keith）的夫人絲琳・基斯（Slim Keith）、賈桂琳・甘迺迪（Jacqueline Kennedy Onassis），以及其妹李・拉齊維爾（Lee Radziwill Ross），再加上瑪麗蓮・夢露、伊莉莎白・泰勒等等。

柯波帝喜歡的，並非緊抓著家世顯赫的傳統有錢貴族，也不是在德州開發油田的暴發戶。他喜歡的人，是權力、才華與實力兼備，自成一種風格散發出真正氣勢品味的人。

而這些女性也都折服在柯波帝這個人的天生魅力之下。絲琳她們曾說過：「他是我這輩子所認識的人當中，前五名的聰明人。沒有人能擁有像他那麼充滿刺激性的頭腦！」

於是，柯波帝有如這些大富豪的家族成員般自由出入她們的豪宅，不僅擁有遊艇、專用客房，甚至成為這些富豪私人飛機的特別乘客。能夠在暖爐前一起喝點小酒，聊一聊可以拿來當幾十本小說題材的社交界各種八掛。自此，柯波帝便從文學家搖身一變，成了社交界的花美男了。

《冷血》的成功與身為作家的名聲　柯波帝④

雖說如此，柯波帝並未忘記自己做為小說家的身分。

一九五九年十一月十六日，《紐約時報》上有一小欄位報導了一起事件。住在堪薩斯州霍康鎮（Holcomb）的富裕農夫，以及他的妻子、兩個小孩都被綁住，塞住嘴巴之後遭到近距離射殺。

當時的柯波帝比起寫虛構小說，更強烈地想寫紀實文學，而這則報導引起了他的注意。於是他獲得《紐約客》雜誌的贊助前往當地，開始深入調查這起「克拉特（Clutter）家滅門慘案」。

他與被逮捕的嫌犯之一派瑞・史密斯（Perry Smith）的相遇，就像命運安排一般。父親是愛爾蘭人、母親則是美洲原住民的派瑞，人生相當悲慘。父親拋家棄子，母親便開始酗酒且不斷帶不同男人回家，正值叛逆期的派瑞，在反覆地偷竊、離家出走之後，被關進了少年監獄。

他在監獄裡因為自己的原住民血統而遭到歧視，受盡各種屈辱。他離開少年監獄之後，交上了一群壞朋友，從自我放逐、犯罪、殺人，一路跌跌撞撞走向毀滅之路。酗酒的母親、拋家的父親，以及周遭人的迫害。柯波帝對派瑞的孤獨境遇產生了共鳴，藉由撰寫派瑞內心的糾葛，來描繪自己的孤獨。

事件隔年的三月二十二日開始進行庭審，最終判處了死刑。雖然執行日期訂為五月十三日，但法院同意將日期延後。在兩名死刑犯幾次不斷的上訴時，死刑也被延期執行。

柯波帝透過有權有勢的政治家居中斡旋，請求與犯人見面。此外，他也開始與嫌犯通信，以一週兩封信的頻度魚雁往返。於是，揭開兩名死刑犯真實面貌的採訪，正式展開了。

一九六三年《冷血》雖然已經完成了四分之三，但由於犯人不斷地上訴，他也就暫停執筆。儘管跟兩名嫌犯有著比朋友還深刻的交心，但希望死刑快點執行的念頭，在柯波帝的內心裡並非完全沒有。

在他內心痛苦掙扎時，最高法院終於駁回嫌犯第三次的上訴，決定於一九六五年四月十四日執行絞刑。這時柯波帝四十歲了。

柯波帝來到刑場後，派瑞吻了吻他的臉頰，輕聲說完「再見，我的朋友」之後，便走上死刑臺的階梯。不知不覺中，派瑞也已經把柯波帝視作唯一的知音、唯一的朋友了。

於是，前後共花費了五年半，柯波帝於一九六五年六月中旬完成了《冷血》。柯波帝將它定位為非虛構小說（non-fiction novel）。而且它並非僅僅是找出事實的非虛構小說，另一層意義，則是它藉由一流小說家之手成為新文學領域中的劃時代作品。

隔年一月書終於出版，並引起了極大的迴響。四十一歲的柯波帝不斷受邀登上報紙、雜誌、電視、廣播，而且專訪的要求蜂擁而至，他也成為各家雜誌的封面人物。

於是柯波帝名副其實地登上作家的高峰，也讓成功出版《冷血》的一九六六年，以一件能留名歷史的大事作結。那就是他投入十五萬五千美元的私人資金，在紐約曼哈頓的廣場酒店（The Plaza Hotel）中，辦了一場招待超過五百名賓客，奢華璀璨的「黑與白舞會」（Black and White Dance）。

參加舞會的男士必須打黑領帶並戴上黑色面具，女士們則是穿上黑或白色禮服搭配白色面具及扇子，寶石只能佩戴鑽石。十月初寄出邀請函之後，就引起紐約社交界的話題，大家都想知道自己有沒有被列入賓客名單中。《華盛頓郵報》（*Washington Post*）則將該邀請名單譽為「世界名流錄」，甚至調侃這場世紀舞會簡直是歷史大事。

一九六六年十一月二十八日舞會當天，人們穿上黑或白色的衣服假裝成賓客在曼哈頓出沒，廣場酒店門口則擠著一堆湊熱鬧的人想看賓客一眼。

大廳內架設了電視攝影機，媒體記者多達近兩百人，打扮成賓客的維安警察也都各就各位。受邀的賓客都是一些極為有頭有臉的人物，例如美國總統詹森（Lyndon Baines Johnson）的女兒、羅斯福總統（Theodore Roosevelt）的女兒、作家諾曼・梅勒（Norman Kingsley Mailer）、麗蓮・海爾曼（Lillian Florence Hellman），演藝界則有法蘭克・辛納屈（Frank Sinatra）夫婦、甘蒂絲・柏根（Candice Bergen）、洛琳・白考兒（Lauren Bacall）等等。全美國的報紙都將當天的情況做成頭版，舞會的閃爍星光在之後很長一段時間內都是人們茶餘飯後的話題。

但是這場舞會也成了分水嶺，之後的柯波帝就像在斜坡上跌了一跤似的，不斷地走下坡。儘管《冷血》獲得非常高的評價，卻沒有獲得文學界兩大指標普立茲獎及全美圖書獎的獎項。

層次不同於作品本身品質的獨特話題性，或許反而造成了這樣的反效果。而當時的巨大失望，似乎也成了之後他悲慘墮落的原因之一。

不斷的自我毀滅　柯波帝⑤

在一九六六年二月五日，《冷血》出版之後，柯波帝又立刻跟藍燈書屋簽了下一本書《應驗的祈禱》（*Answered Prayers*）的書約，還拿到了兩萬五千美元的訂金。這部作品預期將成為與普魯斯特的《追憶似水年華》匹敵的傑作，電影版權也已經由二十世紀福斯公司以三十五萬美元買下。

但是，成為社交界寵兒的柯波帝，卻遭逢嚴重低潮，下本書《應驗的祈禱》的執筆遲遲無法有所進展。

他的私生活也很不順利，跟維持了超過二十年同志伴侶關係的傑克之間處得並不愉快。

這兩人的性格幾乎完全相反。相對於總想要成為風雲人物的柯波帝，傑克討厭人群也不擅長社交。於是，兩人之間逐漸產生嚴重裂痕，傑克每年秋冬都會留下柯波帝，獨自前往瑞士旅行。被留下來的柯波帝為了慰藉寂寞心靈，就一再地與其他男人交往。

其中的丹尼（化名）小他好多歲，是個粗魯不文的空調設備修理工人。這名男子才剛跟妻子分手不久，柯波帝出錢讓他整牙，買給他義大利高級服飾及賓士車，每個月還補貼他兩千美元，並帶他一起去歐洲旅行。

但是，遭到「天鵝女郎」們聯合排擠的丹尼難以忍受這樣的對待，不到一年就回到妻子身邊了。心生嫉妒的柯波帝決定報復，他不只中斷對他工作方面的援助，甚至做了非常幼稚的行為，在丹尼的賓士車油箱中放入砂糖弄壞車子。

一九七一年一月，二十世紀福斯公司沒有耐心再等待遲遲未完成的《應驗的祈禱》，向柯波帝要求歸還電影版權的二十萬美元。而他交了愛爾蘭移民第二代約翰・奧謝（John O'Shea）這個新情人，則是一九七三年六月底的事了。

接著到了一九七五年，經過漫長的創作之後《應驗的祈禱》其中一篇〈巴斯克海岸〉（La Cote Basque）終於在《君子雜誌》（*ESQUIRE*）十一月號發表了。內容是關於穿梭在紐約曼哈頓上流社會俱樂部中的名人，文中以時而尖銳時而幽默的筆法講述了他們的八卦。

這些角色都以實際存在的人物為原型。例如，把美貌當武器嫁進上流社會霍普金斯家的安・霍普金斯（Ann Hopkins，以女演員安・伍華德〔Ann Woodward〕為原型）。她被發現曾經結過婚而面臨離婚危機，也因此犯下槍殺丈夫的案件。

然而，她的婆婆希爾達（Hilda Hopkins）為了孫子著想隱瞞了整起事件，導致案件證據不充分而無法起訴。整起事件被清楚地寫在柯波帝的小說中，安・伍華德大受打擊，吞下大量的藥物自殺。

而柯波帝最喜愛的「天鵝」貝比・佩利，她的丈夫比爾也在小說中出現。身為猶太人而感到自卑的比爾，想要躋身WASP（白人盎格魯・撒克遜新教徒）[1]之中，而勾引州長夫人上床，但恰好當時夫人正值生理期，可憐的比爾（小說裡名叫狄倫〔Dillon〕）為了湮滅偷情證據，只好在做完愛之後努力清洗沾染她經血的床單。

因柯波帝而讓家醜全部外揚的上流階級人士們義憤填膺，群起指控他是卑鄙小人、叛徒，沒多久柯波帝就被趕出社交界了。

自此柯波帝的墮落更加快速了。他的下巴、肚子都堆積了不少贅肉、容貌變醜，對於自從成為名人之後就失控的自己感到絕望，而沉溺在酒精中，彷彿一心只想走向死亡。

他毫無節制地喝著伏特加，反覆地住院又出院。為了治療他的藥癮與酒精中毒症狀，也數次進出勒戒所。然而，一旦出院就曾故態復萌，一刻也離不開古柯鹼或鎮定劑。這一切逐漸侵蝕他的中樞神經，光是在南安普敦醫院（Southampton Hospital）的住院紀錄，一九八一年就有四次，隔年七次，一九八三年則有十六次。

經過電腦斷層掃描檢查的結果，柯波帝的腦部正在萎縮，醫師宣告他若不立刻停止喝酒與嗑藥，將只剩下半年壽命。他的律師史瓦茲（Schwarz）大受打擊，約柯波帝到咖啡店並向他解釋醫師的診斷，然而柯波帝聽了只是一臉沉痛地說：「已經夠了，讓我走吧。我希望就這樣離去。」這也讓史瓦茲明白，他已經想過死亡這回事了。

一九八四年八月二十三日，就在距離柯波帝生日大約一個月時，柯波帝打電話給住在洛杉磯的好朋友瓊安・卡森（Joanne Carson），說他現在想立刻過去找她，請瓊安幫他處理機票。而且不知為何跟平常不同，只買了單程票。

瓊安是個跟柯波帝同樣有著寂寞成長經歷的女性，無論遇到什麼事，柯波帝都會提供她建議，而瓊安平日也經常說自己願意為柯波帝赴湯蹈火。

1 White Anglo-Saxon Protestant，原指美國當權的精英群體及其文化、習俗和道德行為標準，現在則泛指信奉新教的歐裔美國人，主要是這個群體占美國上流社會和中上階層的絕大部分。

抵達洛杉磯隔天，柯波帝的病情忽然惡化。瓊安正打算找醫生來，柯波帝卻拉著她的手央求她留在身邊。

「我不想再受那樣的苦了。我好累。如果妳喜歡我，讓我就這麼走吧。」

他臨終前所看到的，或許是在阿拉巴馬州與遠親斯庫阿姨度過幸福日子的那段回憶吧。瓊安抱著他，兩人的臉頰緊緊相貼，據說她甚至不知道柯波帝是什麼時候嚥下最後一口氣的。

八月二十五日，柯波帝享年五十九歲。根據驗屍結果，診斷其死因為「由於靜脈炎與複合性藥物中毒造成的肝臟病情惡化導致死亡」，但實際上他沒有任何重症肝臟疾病。

他血液中也沒有驗出酒精成分，可以推測的死因，應該是服用了他走到哪都隨身攜帶的煩寧（Valium，中樞神經抑制劑）、大侖丁（Dilantin，抗癲癇藥物）、可待因（Codeine，鴉片類藥物）等藥品。他很可能服用了導致死亡的過多劑量。

至於柯波帝是故意尋死，或者是無心造成的，這一點我們永遠也不會知道了。

Chapter 7

日本的
BOYS' LOVE

關於日本歷史上的BOYS' LOVE

「男色」的沿革

《古事記》中紀載了，英雄日本武尊男扮女裝接近熊襲，並征討他們的故事；《日本書記》裡出現了「阿豆那比之罪」的傳說；大化革新裡中大兄皇子跟藤原鎌足之間的「菊花契約」等小故事……日本史中有關BOYS' LOVE的歷史紀載，也是相當古老的。

不過，根據貝原益軒記載，替日本帶入制度化男色的是弘法大師——空海。九世紀空海至唐朝留學時，同性戀行為正在長安蔓延開來，在佛教寺院中，僧侶解決性需求的對象幾乎都是由少年們在負責。

這種情況也傳入了日本，在寺院僧侶們封閉的世界裡，男色迅速地流傳開來。那是個禁止女人出入的特殊世界，僧侶們為了平息讓身體焦躁不安的性慾，只好選擇發洩在同性對象身上。於是這麼一來，可以說確立了「僧侶」與「稚兒」的關係。

到了平安時代，男色也在公卿世界裡廣泛流行，例如藤原賴長的日記《台記》中，就赤裸地坦言自己與多名男子之間有肉體關係。接著到室町時代，足利義滿將軍與他所寵愛的世阿彌之間的關係，也是極為有名的。

等到了戰國時代，「大名」與「小姓」的關係，讓新的男色關係浮上檯面。政治聯姻這種缺乏愛情的婚姻生活，再加上連年征戰，使得武士們比起待在家裡，更多的時間都在戰場上。

而且武士世界要求的，就是身為家臣必須絕對服從主君，以及在戰場上生死與共的現實，讓主君與家臣之間孕育出深刻的愛情及共同感，這是與妻子之間的關係所比不上的。

進入江戶時代後，市民之間流行著「到陰間玩」，未磨練女形演技的少年們會去賣身，成為武士、市民、僧侶的男色對象。日本橋的霞町及京都的宮川筋等地，都林立著專賣男色，充斥美少年的陰間茶屋。

當然，男色文化也普及到了德川家，例如三代將軍家光、五代將軍綱吉等，都是以稀世男色家而聞名。

身穿女裝嬉戲　日本武尊

說到日本歷史中最古老的BOYS' LOVE，想來就是日本武尊平定熊襲的故事了吧。

日本武尊奉父親之命，出發去討伐抵抗大和朝廷的勢力。在九州、出雲的戰事連番告捷的日本武尊，接著又奉命前往西方去討伐熊襲。這時的日本武尊還只是個十五歲上下的美少年。他出發前先順道去姑媽倭比賣命[1]那裡一趟，要了一套她的服裝，並將劍藏入懷裡再出發。

《古事記》中有關於征討的場景，是這麼記載的：

「將綁好的髮髻放下來，像童女的頭髮般自然垂下並梳直，穿上姑母的衣裳，看起來活脫脫就是個女孩，混在一群女人裡，入座於其室內。熊襲的首領熊曾、熊健兄弟二人，為其女子打扮著迷，讓他坐在兄弟兩人之間享宴取樂。於是等到酒酣耳熱之際，從懷裡取出劍，捉住熊曾的衣襟，一劍刺穿其胸膛，弟弟熊健見狀奔逃。於是追殺到他房內的椅子旁，扒下熊健背部的皮，劍則由臀部刺穿他。」

日本武尊穿著姑母贈送的衣服，把頭髮放下來之後搖身一變成為少女，堂而皇之地入侵熊襲首領的宅邸。可能因為穿著女裝，森嚴的門禁對他放鬆了警戒，也可能是因為他穿上身為巫女的姑母所給的衣服，因此擁有靈力。

同一段場景，我們來看《日本書記》怎麼說。

「日本武尊解下頭髮扮作少女，密謀於川上梟帥設宴之時。（略）川上梟帥見了他之後，感其容姿絕美，便牽起他的手邀其同席，舉杯令飲，戲弄愛樂。此時更深人靜，川上梟帥已醉。於是日本武尊抽襟內之劍朝川上梟帥胸口刺下。」

看到穿著女裝的日本武尊而誤以為他真的是女子，疏忽大意的熊襲首領就在與他玩

1 日本武尊的父親景行天皇的妹妹。

樂時被殺死了。文中雖如此描述，但仔細閱讀原文，會發現不少弔詭的地方。

首先，在《日本書記》中所說的「同席」，意思並不是指在宴會中同席，在古代的話裡，更偏向同寢的意思。也就是說若要按照字面上來理解，就是一起進入寢室飲酒嬉戲的意思。

「戲弄」就是指調戲玩弄。熊襲首領在玩弄愛撫武尊身體的時候，應該就已經發現他是男子了。然而，他沒有因此勃然大怒而殺了武尊，後來還「更深人靜，川上梟帥已醉」。

所以，莫非熊襲首領其實是喜歡美少年的？一開始他就看穿武尊並非少女而是個美少年，才要把他帶到寢室中？我們忍不住如此臆測。

在《日本書記》中，熊襲首領是一個人，但在《古事記》中卻是兩個人，武尊還坐在熊襲首領兄弟之間。而且在他殺了兄長之後，也捉住了逃走的弟弟，拿劍刺入弟弟的臀部。刺穿臀部這樣的描述，也讓人忍不住覺得似乎與男色有關。

也就是說，這也可以視為武尊對熊襲施加在他身上的男色行為所做的報復。或者也可以說先前在性行為中都是受方的武尊，這時候忽然轉變為攻方，從而第一次主張自己的「男性雄風」。

楚楚動人彷彿一碰就碎的美少年身體中，有著連怪力巨漢都無法匹敵的神力。這就是日本武尊的形象。

當時熊健奄奄一息地問他「你到底是何方神聖」，在武尊自報姓名後，熊健又說：「九州沒有比我們還要強的人了。然而多虧了你，我們才知道原來大和國有比我們還強的人。我把我的『健』（TAKERU[2]）這個名號送你，從今爾後你就是日本武尊。」留下這句話之後，熊健就死去了。

於是，日本神話中的超級英雄日本武尊就此誕生。但是，他的父親景行天皇在這之後仍對他很冷淡，又命令他前往討伐東方的十二個國家。

這時武尊在姑母面前嘆息道：「父皇難道是希望我去死嗎？」姑母同情他，送他三大神器之一的草薙劍與裝了燧石的錦囊。

於是，日本武尊接連征討了尾張、相模、信濃等國家，過程中也藉著姑母所贈之物度過了危機。

但當他又前往征討伊服岐山的荒神時，便再也沒有回來。之後他變成了天鵝，魂魄

2　日文中與「武」同音。

回歸他的故鄉大和。

「阿豆那比之罪」——日本文獻中最早的男色故事

《日本書記》的〈神功皇后紀〉中記載的「阿豆那比之罪」，是日本文獻中最早登場的男色案例，包括知名的男色研究家在內，許多學者都曾指出這一點。

神功皇后在攻打新羅時，她的亡夫與側妃大中姬生下的忍熊王極力抵抗，為了討伐他，皇后便帶著軍隊來到紀州一處名為小竹宮的地方。

這個地方即使是大白天也不見陽光，每天都昏暗如黑夜一般。皇后找來村裡的耆老詢問原因，耆老說那是因為「阿豆那比之罪」：

「有小竹祝跟天野祝兩人，彼此的情誼非常好。小竹祝因病去世後，天野祝泣血說道：『我生是你的摯友，死後也要跟你同穴而葬。』接著就趴在屍身旁自盡。於是人們將他們合葬。」

所謂的「祝」指的就是侍奉神明的人。「小竹祝」與「天野祝」雖是同性，彼此卻有著深刻的愛情。

然而，小竹祝生病而死時，天野祝激動地哭泣說要跟他「同穴而葬（埋在一起）」。也就是說他連死後都不想跟小竹祝分開，於是在小竹祝的屍體旁自殺了。人們由於同情他們，便把他們合葬在同一墓穴，但這麼做卻觸怒神明，而讓那個地區「終日黑暗」。

於是神功皇后派人打開墓穴來看，果然兩人的屍首合葬在一起，於是命人將他們分開埋葬後，終於恢復了日夜有別的正常天候。

江戶後期的國學家西田直養果斷地將此事件視為日本最早的男色軼事，畢竟再怎麼要好的朋友，也不會在其中一人因病過世之後，捨棄自己該侍奉的神明而自殺，簡直是滔天大罪。

文獻中儘管沒有記載兩人的年紀跟來歷，但為了心愛的人死去而哀嘆悲傷，還忘記自己是侍奉神的人，只為追隨對方一死，這樣的故事也令人不禁動容。

隱藏在《萬葉集》中的同性戀之歌　大伴家持

大伴家持是大納言大伴旅人的兒子，也是家喻戶曉的《萬葉集》編纂者。他是大和朝廷以來的名門武將家族繼承人，自己也一路爬到中納言的高位。外型俊秀，很受女性歡迎，上至年長女性下至少女的多場戀愛歷練也是很知名的。跟他的岳母坂上郎女似乎也發生過關係。

不過，據說他也是雙性戀者，一般認為他送給同性戀對象的三首和歌就散置在《萬葉集》裡。

「蓋毛　人之中言　聞可毛　幾許雖待　君之不来益」[34]

（你從誰那兒聽到關於我的壞話呢？使我等得望穿秋水也不見你來。）

「中々尓　絶年云者　如此許　氣緒尓四而　吾将戀八方」[5]

（若能果斷地說出要與你絕交，我又怎麼會愛你愛得幾乎痛苦窒息呢？）

「将念　人尓有莫國　懃　情盡而　戀流吾毛」[6]

（明知你所愛的人並不是我，卻付出真心如此眷戀你，我到底何苦呢？）

雖然這三首的提詞是「大伴宿禰家持、交遊與訣別之歌三首」，但光看內文，怎麼看都不覺得只是送給朋友的和歌。

而推測可能是家持同性戀對象的人，應該是藤原久須麻呂（別名「藤原訓儒麻呂」）這名人物，其父為藤原仲麻呂。仲麻呂備受光明皇后與孝謙天皇重用，曾經掌握政權，家世極其光耀顯赫。

「如夢　所念鴨　愛八師　君之使乃　麻禰久通者」[7]

（我好像在作夢似的。心愛的你的信使居然數度造訪我家。）

「情八十一　所念可聞　春霞　輕引時二　事之通者」[8]

---

3 萬葉集全漢字版，並非中文版，是日本尚未發展假名時代，皆以漢文書寫的版本。以下同。

4 卷四・六八〇，漢譯版「中傷蜚語等　汝蓋聞人謗語哉　當是虛名起　吾在此間待幾許　君亦不來不相聞」。

5 卷四・六八一，漢譯版「中中不上下　不若聞汝訴絕緣　吾為戀所苦　懸賭命緒如此許　反覆煎熬愁相思」。

6 卷四・六八二，漢譯版「自討沒趣乎　念吾之人莫有兮　吾何以懇懃　情盡心碎熬戀苦　如此單戀哀慕哉」。

7 卷四・六八三，漢譯版「每念此事者　其猶幽夢又似幻　覺也令懷念　君之使者頻來訪　絡繹不絕無歇時」。

8 卷四・七八九，漢譯版「心沉情意悶　愁雲慘霧覆方寸　切莫憂如此　待至春霞棚引時　言使通來必不絕」。

（我感到陰鬱不已。要等到春日的雲霞繚繞時節，才能這樣盼到您的信使。）

「春風之　聲爾四出名者　有去而　不有今友　君之隨意」[9]

（若聽見春風送去的聲音，即使眼下沒辦法，但總有一天還是希望能隨你所願。）

時時刻刻引頸企盼心愛男人送來信籤，因此又喜又憂，家持的心意彷彿躍然紙上一目了然。

久須麻呂寫給家持的詩歌則如下：

「奧山之　磐影爾生流　菅根乃　懃吾毛　不相念有哉」[10]

詩中提到菅根，以其根的長度來比喻永遠不變的心。至於「奧山、磐影」所指的深山的岩石後，則是暗喻兩人的戀情是要低調避人耳目吧。

想當然耳，萬葉集的研究者們長時間以來，都不願承認這些是同性戀情侶們唱和的詩歌。然而，昭和八年北村季吟在《石杜鵑》（岩つつじ，收錄在《未刊珍藏本合集第一輯》中）提出這七首相聞和歌是男色歌曲；此外，折口信夫則在《折口信夫全集》第四卷的《口語萬葉集（上）》裡明白地表示：「這些詩歌過去被視為家持寫給久須麻呂身邊的年輕女性，這麼說是錯的，家持寫詩的對象是同性戀人久須麻呂。」自此，同性戀的說法才浮上檯面。

然而，若說這位大伴家持與久須麻呂其實是政敵關係，肯定會讓讀者吃驚吧。七五七年，反藤原氏的橘奈良麻呂與大伴氏等人企圖暗殺仲麻呂未遂被發現，大伴家持也因此被追究連帶責任，左遷至薩摩。

到了七六四年，這次是久須麻呂的父親仲麻呂企圖謀反。前述及仲麻呂很得孝謙天皇寵愛，享受著榮華富貴，然而後來孝謙天皇跟僧道鏡的關係加深之後，彼此之間的對立也就變嚴重了。這時久須麻呂也跟父親並肩作戰，但最後還是兵敗被殺。

這時家持的心情又是如何呢？這一切我們已經不得而知了。在這之後他所寫的詩歌，沒有一首流傳至現代。

9 卷四・七九〇，漢譯版「春風呼嘯兮　音聲浮名嘈起者　在而去之間　縱非今即償汝願　有朝一日隨君意」。

10 卷四・七九一，漢譯版「深山茂林間　磐影之中孳繁生　菅根之所如　吾亦情切意懇睦　豈非與汝相思哉」。

日本男色的始祖　僧侶與稚兒

江戶時代的學者貝原益軒，主張日本男色的始祖是弘法大師，也就是空海和尚。在九世紀前往唐朝留學的空海，返國時隨著傳布密宗之外，也帶回了唐朝佛教界內蔓延的男色習氣。

從平安時代開始，被稱為稚兒（童子之意）的男童們會住進密教（天臺宗或真言宗）系統的佛教寺院裡，他們一邊修習佛法，一邊替僧侶打理周身大小事。而被送去的男童，多是貧窮武士家的次男或三男。

至少在表面上，僧侶被強制要求禁色，更禁止跟女性發生關係。然而僧侶也是血肉之軀，肯定會有情欲旺盛的時候吧。這種時候，身邊的稚兒自然就成了對象。

根據阿部泰郎[11]的形容，稚兒是「紮著長髮、化妝、染黑齒、身穿水干[12]外披小袖[13]，打扮成女人卻又不成為女人。同樣的，既身為男性又不是男性，是僅屬於童子獨有的中性」的存在。

例如，有位東大寺的僧侶名叫宗性，生於建仁二年（一二〇二年）。祖父是神護寺內源賴朝畫像的作者，並以此知名的藤原隆信，父親則是當過藏人（天皇的祕書官）及宮內大輔等職位的藤原隆兼。

宗性十三歲時出家進了東大寺，十九歲時為大法師，仁治二年（一二四一年）當上權律師，寬元四年（一二四六年）成為尊勝院院主。文應元年（一二六〇年）做為東大寺別當[14]，文永六年（一二六九年）當上了權僧正。

他在正嘉二年（一二五八年）所撰寫的祈請文，流傳到了現代。他祈願往生後能前去彌勒菩薩淨土所在的兜率天，為保持內外潔淨而立下了五條誓約，其中就出現令人震驚的內文描述。

「五條祈請內容

二、至目前為止九十五人。不應犯下侵犯超過百名男性的淫行。」

11 日本民俗學者，名古屋大學教授。

12 平安時期男性裝束之一。

13 和服的一種，平安前期主要做為大袖和服的內裡單衣。

14 大寺院裡統轄事務的僧官。

也就是說，宗性在此之前曾跟九十五名同性發生過關係，但立誓不會跟超過一百人發生關係。

九十五這樣的人數確實驚人，但他對此並沒有特別抱持著罪惡感這點，更讓人覺得吃驚。不過，他可能真的認為若是超過百人的話就過多了吧。

這樣的人數對於當時的僧侶來說算是正常還是異常，我們不得而知，但至少從這段文字中我們可以推測，當時與稚兒之間的男色，對僧侶而言是很稀鬆平常的事。

僧侶與稚兒的故事　仁和寺覺性

描述當時僧侶與稚兒之間戀愛關係的故事為數不少，我們來介紹其中幾則。首先從十三世紀的故事集《古今著聞集》開始。

平安時代後期有位僧侶，法號覺性，他是鳥羽上皇的第五皇子，母親則是藤原公實的女兒待賢門院藤原璋子。他十二歲時出家，後來成了仁和寺第五代掌門，是位祈福名宿、詩歌方面作品也非常出色的高僧。

仁和寺覺性有個寵童既美麗又優雅，名喚千手。據說他擅長吹笛、歌詠情境，在眾多貌美稚兒之間，特別受到覺性的寵愛。於此同時，又有個名叫參川的童子出現了。這個能邊彈琴邊詠唱精彩詩歌的童子，覺性的心思逐漸被他佔滿。

於是，覺性開始敷衍地對待千手，百般寵愛參川，傷心的千手離開後將自己關在房間內，任人怎麼叫喚就是不回應。

然而有一次，舉辦了一場內部的酒宴，由於覺性的門下弟子守覺法親王（後白河院第二皇子）也有參加，所以覺性再三召喚千手出席。一開始千手堅決不肯答應，但在覺性執意催促之下，只好無奈地出席。

於是，千手一身鮮豔的服裝打扮，說著「既已遭棄，又當如何」，在覺性面前詠唱應景詩歌。聽到的人不禁紛紛落淚，熱鬧的酒宴也徹底地沒了玩樂的氣氛。

覺性因此對千手感到憐愛不捨，當晚就帶著他回自己寢室。

然而隔天一早，覺性突然發現寢室的屏風上貼著一張紅色薄紙，紙上寫的和歌大意是「若您真會問起我的去向，或許我終將告訴您我所前往的山之名。」湊前仔細一瞧，那是參川的筆跡。

這下子換成參川，因遭受師父背叛的打擊而離寺出走了。覺性多方探聽尋找，最後還是不知他的去向。一直到很久之後才知道，參川去了高野山出家了……

強迫一見鍾情的少年出家　增譽

接著是《宇治拾遺物語》中所記載，天臺宗的大僧正——增譽的故事。

有一次，增譽對一名跳田樂舞的咒師，名叫小院的少年一見鍾情。增譽滿心想著要讓少年寸步不離地待在他身邊，於是就強迫少年出家。

但是，強迫他出家成為小和尚後，就看不到少年美麗的舞姿了。於是有一天，大僧正拿出從前的衣裳，命令少年穿上舞一曲來餘興。少年不肯，認為「剃髮後的模樣穿上舞衣只會更難看」，但增譽還是不斷催促，少年無可奈何穿起衣裳戴上鳥兜[15]，按照吩咐跳起了田樂舞。

果然比起和尚的光頭，這一身裝束更加適合少年。

大僧正非常後悔那麼快就決定讓少年出家，於是放聲大哭，少年也有點顧忌地喃喃抱怨著：「所以，我當時不是請您多等上一段時間再讓我出家嗎？」

至於之後的發展如何，《宇治拾遺物語》是這麼記載的：

「『到這邊來』僧正叫喚小院，輕憐愛撫（略）衣衫退盡後，帶他進入帷幔裡，後來的事，就不得而知了。」

真是一段別有深意的描述啊……

佛教故事中的稚兒篇　梅若丸

《秋夜長物語》裡，記載了與佛教相關的稚兒故事。

後堀河天皇的時代有個叫瞻西上人的高僧。他年輕時以桂海律師為名，在比叡山上致力修行。

某天，上人夢到一個美麗的稚兒在飄著櫻花瓣的樹下休息，其絕美容貌使他難以忘懷。之後有一次他經過三井寺前，看見了跟夢中少年長得一模一樣的稚兒。他詢問他人

15 舞樂用的頭盔。

少年的名字，得知少年是花園[16]的大臣之子梅若丸。

桂海透過他人向梅若丸告白，得到正面的回答令他相當高興。於是，就像桂海所說的：「想繪成畫卻不知從何下筆，想以言語表達卻不知如何形容」，他與那名美少年順利地在一起了。

但是，當他們幽會了幾次之後，某天梅若丸忽然被天狗抓走監禁在山上的石牢中。比叡山延曆寺與三井寺原本的關係就交惡，察覺到桂海與梅若丸關係的三井寺僧侶們，一口咬定梅若丸的失蹤是延曆寺犯下的行徑，立刻興兵征討。

於是，一名美少年的失蹤，擴大成比叡山延曆寺與三井寺的大型紛爭。延曆寺同樣也集結了數萬僧兵攻打三井寺，沒多久就把三井寺給燒了。想當然，認為戰爭是因自己而起，覺得必須扛責任的桂海也勇猛地迎戰。

另一方面，梅若丸在戰爭時也從天狗身邊逃走，他回去看到燒得一點不剩的三井寺感到極為震驚。接著自責會變這樣都是自己害的，於是留給桂海一首和歌之後就跳琵琶湖自盡了。

「我若沉落深淵之底，願遠山明月相來照映。」

傷心欲絕的桂海乘著小船，往瀨田橋的方向尋找梅若丸的遺體，最後還是找到了。他流著血淚哀傷嘆息，接著扛起少年的屍首爬上高野山，為了悼祭梅若丸，便一心向佛。

歲月如梭，成了得道高僧的他自號瞻西上人，但最後卻住在三間草堂中，以松樹的落葉為柴薪，只吃藤豆勉強維生，過著清貧的生活。

「從前所見的月光成為指引，今夜想必你已西行。」

留下這段辭世的詩句之後，瞻西上人便圓寂了。弟子們聽從了他的遺願，在都城附近蓋了一座寺廟濟度眾生，傳說就是位於東山的雲居寺。

16 京都市右京區雙岡的東側一帶。

不只愛美女，也愛美少年　白河院

因二〇一二年NHK大河連續劇《平清盛》的播出，而為大家所熟悉的白河天皇（一〇五三—一一二九年），在位十四年，親自主政，自他退位之後的四十三年內，朝廷皆實行院政。儘管當時是權力由公卿逐漸轉移至武士手中的時代，但從白河院起則開始實行院政政治。

大家看連續劇就知道他性好女色，後宮有許多后妃任由他左擁右抱，不過據說他意外地也很喜歡美少年。

他特別寵愛堀河右大臣賴宗之孫，也就是宗通一族。宗通之子，任職到宰相中將的藤原信通也是其中一個。有一天，白河院在宴席中要求公卿們扮成武將，當作餘興節目取樂。

按照史書《金鏡》的描述，這時的信通穿著紋纈染（鹿背紋染法）的水干，身上背著胡簶（裝箭的筒子），容貌氣質出眾，跟他相比之下，其他人看起來就像一般的小跟班似的。

一樣在《金鏡》也記載了，又是宗通第四子，被稱為侍從大納言的成通，也獲得了白河院的寵愛。成通是位精通詩歌、現代詩、蹴鞠、馬術、吹笛等才藝的風流人物，在所有殿上人[17]之中，白河院只特別准許他能夠穿戴禁用色（深紫、深紅、麴塵[18]等僅限天皇或上皇能穿的顏色），由此可見他所獲得的榮寵有多麼不一樣。

文武雙全、外貌姣好是首要條件　西行

白河院為了自保不受政敵傷害，組織了名為北面武士的親衛隊。要當上成員必須擅長騎馬與武術，也喜愛和歌與才藝，也就是文武雙全的優秀年輕人才會被選上，據說有時候也必須給白河院侍寢。但無論如何，美貌就是第一要件。

例如藤原守重這名人物，幼名今犬丸，雖然出身低微但有著出眾的美貌。他在東大寺當稚兒時被看上而成為殿上童，後來以北面武士的身分活躍，成人之後接歷任石見、肥後國的國守。平清盛的祖父平正盛，也跟他有相同的發跡過程。

17　殿上人：從五品以上的高官。
18　帶灰的黃綠色。

提到北面武士，就不能忘記史稱歌聖的西行法師。他的本名佐藤義清，祖先是藤原鎌足，生於富裕的武家，十七歲時官拜兵衛尉（皇室警衛兵），不只創作詩歌的能力優異，也是蹴鞠、騎射達人、眉目俊秀的菁英分子。

然而，這樣的菁英卻在一一四〇年，才二十二歲就忽然剃度出家，成為人們好奇的話題。坊間對其原因有諸多臆測討論，例如因為朋友忽然死去讓他頓悟人世無常，或為了躲避皇位繼承權的相關政爭，或是因為失戀於鳥羽天皇的妃子待賢門院而出家等等。

待賢門院璋子也是因為連續劇《平清盛》，才為大家所熟悉。康和三年（一一〇一年）出生，是正二位權大納言藤原公實的么女，後來很快成了白河院之寵姬祇園女御的養女，之後就在白河院的御所長大。

自幼就擁有絕世美貌的她非常得白河院的疼愛，根據《今鏡》記載，白河院經常大白天就將她抱在懷裡，也陪著一起睡覺。最後白河院還因為太寵愛她，終於要了她的身子。這時的白河院已經年過六十，璋子則是初潮剛來的十三歲。即使她後來成為鳥羽天皇的中宮皇后，這段關係也還是持續著。這一段連續劇裡也有提到。

寵愛璋子的白河院想替她找個好姻緣，他首先向關白忠實之子忠通提親，忠通拒絕。後來依據忠通所寫的日記，得知理由是：璋子也跟備後守將季通、「宮中戒律法師」增賢的童子都私通過。無論這些傳言是否為真，璋子是個男女關係複雜的女性這點應是事實。

西行是愛上了這樣的她嗎？這份愛深刻到西行為了她而出家嗎？被視為西行在那段時間所作的幾首和歌，西行都將她比喻為自己伸手無法觸及的月亮，呈現的是「黯然銷魂」的苦戀。

事實上，西行據說也有同性戀人存在，名叫西住，俗名是源次兵衛季政，是西行北面武士時期的同袍。西行出家後沒多久，西住也就追隨他的腳步出家去了。於是後來有一段時間，西住就如影隨形地陪在西行身邊。

「在岩田之岸享受夕照納涼時，但願你可以陪在我身旁」

這是西行到熊野參拜時，在岩田這個地方黃昏納涼時，想著待在京都的西住而詠唱的詩歌。現在若你能在我身邊，該有多令人高興。這樣的內容彷彿寫給女性戀人似的。

「想著就要啟程回京的人，心中不捨分離。」

這是兩人結伴去四國旅行時，西住忽然很想念京都，開口要求想要回去時，西行為他所詠唱的詩歌。

「隻身在外被露與淚沾濕衣袖的我，只能與京都的人兒夢中相見」

最後，西住還是留下西行自己回京都了。被留下來而感到寂寞的西行，袖子都沾上了淚水與露水，只能盼望著人在京都的西住來夢中看他。

《兩性具有之美》作者白洲正子推測西住身體比較羸弱，可能無法在自然環境嚴苛的高野山居住。

事實是如此嗎？或是因為跟西行到處旅行流浪，感受到生活的嚴苛，才會日漸感到不耐呢？

西住回京都的那天晚上，兩人在高野山奧之院的橋上並肩賞月。之後，西住便啟程回京，西行忘不了那天晚上一起看的月亮，在某個晚上站在同一座橋上賞月時，西行又詠唱了一首歌。

「思君竟渡橋，獨月影與共」

（帶著思念你的心不知不覺來到橋上，然而回應我這份情意的，卻只有月光下的影子而已。）

「憶君如此君不見，安知唯橋上月影伴君側？」

（我明明這麼地想念你，難道你一點都感覺不到嗎？橋上陪伴著你那份情意的，難道就只有月下的影子嗎？）

後來西住在五十多歲時就大病一場去世了。趕來他身邊的西行，在他的枕邊望著他說：「憂此生終不見，吾勸念佛號然心煩意亂。」

想到這輩子再也見不到對方，在對方臨終時勸他一心念佛號的自己，反而內心紊亂不已。由此可見西行對西住的愛有多深。

待西住火葬之後，西行便拾撿他的骨灰回到高野山。很難想像當時的他內心有多麼空洞寂寞。

白洲正子在同書中也認為，西行詠唱的歌裡只要稱呼到「人」，幾乎都是寫給西住的。西住對西行如此重要，幾乎算是他這輩子的唯一了。

家族中龐大複雜的男色關係　藤原賴長

「西行家境富裕年紀尚輕，卻捨棄優渥的生活遁世一心向佛。人們皆讚其志向遠大」，如此描述西行出家一事的人，是當時的內大臣藤原賴長。這位也是因大河連續劇《平清盛》而為人熟悉的角色。

他是知名的藤原道長的子孫，生於攝政關白家族的超級菁英，幼名菖蒲若。史書中甚至形容這名人物「眉目俊逸」（《今鏡》），而且是遍覽大量和漢書籍的「日本第一學問家，和漢之學富五車」（《愚管抄》）。

然而，他待人卻極為冷淡殘酷，人稱「惡左府」並聞之生畏。

自他執政之後，便以改革紊亂的政治為目標，比起依循慣例，他更著重立下律令以及儒教中的倫理規範，因此在政壇上招致貴族的反感且受到孤立。在鳥羽院死後，被政敵美福門院及信西打壓，最後含恨死於保元之亂。

而他所寫的日記《台記》，因記載了大膽的同性性經驗而相當知名。

當時書寫日記的目的是為了留給後代子孫做參考，所以通常不會記載這麼大膽的內容，不知道賴長到底在想什麼，居然無視這樣的常識。

例如：

一一四七年一月十六日：「這位朝臣射精了，這讓我非常感動，先前他也經常如此，在這方面他比起前人真是毫不害臊。」

這位朝臣指的就是藤原隆季。日記裡經常出現「讚」這個別名暗號，因為他受封領地為讚岐，又與賴長的交情相當深厚。他洩了精，亦即達到高潮，因此賴長寫下他的感動。

一一四八年一月五日：「今日，我邀義賢入臥室，初時不快，卻餘韻無窮。」

義賢指的是源義賢。是保元之亂中崇德上皇、賴長這一方的源為義之子，也是那位有名的武將木曾義仲的父親。

正如他所寫的「初時不快」一般，這時賴長似乎是接受義賢進入的那方。一開始雖然感覺並不好，但「餘韻無窮」表示後來非常地有快感。

一一五二年八月二十四日：「亥時一到，讚丸就來了。心境甚是愉悅，而後雙雙射精，實在是難能可貴。不過，此人經常如此，我讚歎至深。」

亥時指的是晚上十點左右。這位「讚丸」是藤原隆季的弟弟成親。當時只有十七歲，跟鳥羽院及白河院都有肉體關係，是個出色的美少年，似乎也一直具備性方面的魅力。而賴長對於他的行為用「讚歎至深」來給予極高的評價。

與賴長發生關係的藤原隆季與成親兩兄弟，父親藤原家成是受鳥羽院寵愛，權傾一方的院近臣，也就是賴長的宿敵。賴長卻跟這些人物保持性關係，很可能是他為了對抗鳥羽院周遭的新興勢力，想復興沒落的攝關家族，才會藉由男色來牽制家成一族。

雖說如此，但若不是真的喜歡同性性行為，還是不可能辦到。光是從史料中能夠確認的部分，與賴長發生過關係的同性隨便算就超過十個，而其身分從貴族到武士、雜役、戲子等等都有

年紀輕輕就消逝的悲劇美少年　平敦盛

平氏一族權傾一世，在當時甚至出現過：「非平家人，皆不是人」這樣的說法。然而，這樣的榮華富貴，最後終究還是敗在勢力漸增的源氏一族手下。提到在《平家物

語》中的美少年，怎麼說應該都是以「青葉之笛」聞名的絕世美少年——平敦盛了吧。

不過雖說是有名，但敦盛在源平之戰裡並沒有什麼過人的功績。在當時的著名記錄《吾妻鏡》中，也只是將敦盛列為其中一名戰死者的例子而已。

只是因為他是個年紀輕輕就死去的美少年，因此受到關注，包括世阿彌的《敦盛》在內，許多歌謠、舞曲、御伽草子等都加以著墨，因此他的故事才會流傳到現代。

敦盛在十七歲的時候參與一之谷的源平合戰。然而，平家這一方處於劣勢，敦盛騎上馬想往海邊逃到船上時，源氏這方有個叫熊谷次郎直實的武士卻把他叫回來：「我會把眼前的你視為大將軍看待，讓敵人看見你的背影是很可恥的，快回來。」

等敦盛回身後，直實輕而易舉地把他打下馬背趴在地上。當直實要砍下敦盛的頭而挑開他的鎧甲時，發現對手竟是與自己兒子年紀相當且令人眼睛一亮的美少年……

《平家物語》中這麼寫道：

「年方十六七，薄施脂粉、染黑齒。與吾兒小次郎相同歲數然容貌極其美麗。吾不知該從何處下刀。」

若是知道自己兒子被殺了，少年的父親會多麼悲傷難過呢？直實想著自己是不是該想辦法饒他一命而開口問他名字，敦盛義無反顧地回答：「我對你來說可是個好敵手喔。就算不告訴你我的名字，只要砍下我的人頭拿去問一問，我想大家都認得。」

直實回過頭，只見土肥實平及梶原景季兩個源氏軍帶著五十多騎人馬趕來。既然已經救不了敦盛，至少要親手完成這件事，於是直實無可奈何地流著淚砍下敦盛的首級。

「熊谷覺得少年實在太可憐了。（略）他哭著砍下少年的頭。『啊啊，身為武士，再沒有比眼前的事更令人悔恨了。』」（摘自《平家物語》）

直實肝腸寸斷地摘下敦盛頭顱後，想脫下敦盛鎧甲下的衣服包裹他的首級，卻發現少年的腰際插著裝了笛子的錦袋。東國之軍數萬人，但上戰場時會帶著笛子的人沒幾個。想到這位肯定是公卿家中有著風流優雅教養的人，不禁又落下淚來。

後來直實得知，這支笛子是從前鳥羽院賜給敦盛的祖父忠盛之物。一之谷戰役在平家這邊的陣營中，敦盛的父親經盛在開戰前夜，舉辦了管弦之宴。當時敦盛所吹奏的笛聲，據說連遠方源氏陣營都聽得見。

而這把「青葉之笛」，目前仍保存在神戶市須磨區的名剎「須磨寺」中。但事實上在《平家物語》中，並沒有出現關於青葉之笛的故事。據說最早將敦盛與青葉之笛做出連結的，是能劇《敦盛》。

無論如何，毫無功勳的敦盛能夠如此有名，不得不說是拜世阿彌的能劇《敦盛》所賜。另一方面，直實因為殺了年輕的敦盛，不只感到懊悔還覺得人世無常，據說後來也落髮出家為僧了。

雖然只是一樁流傳已久、感人的武士道故事，但像這樣改變觀點來看，總覺得很引人遐想呢。

恰當地結合了SM以及BL　源義經

提到《平家物語》中另一位美少年，果然還是源義經吧。這名悲劇英雄的哀傷結局甚至還因此衍生出「判官贔屓[19]」這樣的日本成語，義經的粉絲至今仍然不少。

19　贔眉，有偏袒、偏愛之意。這句成語是形容無論對錯人們都會無條件同情弱者。

大約三十年前NHK曾經播過由中村吉右衛門所主演的《武藏坊弁慶》這部連續劇。因為重播過許多次，看過的人應該不少。

義經為了逃離兄長賴朝的追殺，帶著少數的軍隊要前往平泉而經過安宅關的時候。一行人打扮成修行僧的樣子，但是關隘守衛卻認出了義經，雖然他有偽裝，但其美麗的容貌還是遮掩不住。

認為萬事皆休的武藏坊弁慶氣得大罵：「都是因為你才害我們被懷疑！」用力地拿起金剛杖敲了主君義經。被打的義經痛得美麗的五官皺成一團。

這個畫面，恐怕也是腐女們喜歡的場景之一。不管任何人怎麼想，不顧一切為了守護主君賭上性命的弁慶，以及知道他的心意而任由他打的義經。兩人之間愛與奉獻所迸發的火花……這個將SM跟BL融合得恰如其分的場面，應該讓不少人產生共鳴，覺得禁斷之愛的極致就是如此了吧？

一一七三年，在五条大橋上邂逅了武藏坊弁慶的義經（幼名牛若丸），《義經記》中是這麼形容他的。

「肌膚雪白、染黑齒、細眉，身著女裝，蓋女子外出用頭紗帽。（略）千金小姐一樣的黛眉像是睡亂了，看起來有如黃鶯細羽在風中搖曳。若以唐玄宗皇帝那個時代來做比喻，就像是楊貴妃那麼美。」

形容得很性感，怎麼看都像在描述一名女性。義經的父親義朝在平治之亂中敗北之後，母親常盤御前就帶著三個孩子逃往大和國。途中被平清盛抓住，在貪戀常盤美貌的清盛算計之下，年幼的牛若（義經）免於一死，被送到鞍馬寺去。

牛若十一歲時去僧正谷向大天狗學習兵法，不過天狗這個說法只是個譬喻，據說事實上就是源氏的餘黨。於是牛若成長過程不斷增進劍術出落得英姿煥發，最後在五条大橋上遇見了武藏坊弁慶。

另一方面，弁慶也是有著各種不同傳說的謎樣人物，在《義經記》中是關白藤原道隆的子孫，父親是熊野別當[20]湛增，母親是大納言家的千金小姐。母親懷胎十八個月才生下他，出生時的弁慶已經是一般嬰兒的三倍大，前後牙齒也都長出來了。

父親見他如此，替他起名鬼若之後便送養比叡山延曆寺，可是臂力超乎常人的鬼若

20 統整熊野三大神社的官職。

卻肆無忌憚地到處搞破壞，最後被逐出延曆寺。

於是他立志要在京都搶奪一千把太刀，他會攻擊路過的武士奪取其身上的太刀，當他收集到九百九十九把，還差一把時，他遇到了經過京都五条大橋還邊吹著笛子的美少年。

他看上了掛在少年腰間的好看太刀而上前叫戰，想要羞辱一下這名柳腰美少年卻不成，對方身輕如燕地穿梭飛舞在欄杆之間戲耍他，逼使他不得不投降。

弁慶不只沒有心懷怨恨，卻反倒深受這名詭異美少年的吸引。

從此以後，弁慶成為義經忠實的家臣。在一之谷會戰或壇之浦會戰中都大顯身手，後來義經被兄長賴朝棄之不顧而戰敗，落難平泉命在旦夕時，弁慶也一直追隨著他。

如前所述，落難的路程中，義經在安宅之關被認出，千鈞一髮之際弁慶發揮了這輩子唯一一次的演技拯救了主君，這整件事的過程在歌舞伎的《勸進帳》中也是非常有名的。

抵達平泉接受藤原秀衡庇護之後，能喘口氣的時間也不長。在秀衡死後，不敵賴朝壓力的泰衡（秀衡之子）起兵打敗義經，弁慶全身中箭站得直挺挺地，為保護主人而戰死，以知名的「站著死去」的壯烈形象嚥下最後一口氣。

姑且不論這對主君與家臣之間是否有過肉體關係，但至少在精神層面上，沒有什麼戀情比這關係更美好，這點自是不在話下。在BL的真正意義上，說不定指的就是這樣的關係吧。

青年將軍與美少年猿樂師　世阿彌

距離京都東大路七条的路口往南約四百公尺處，有座新熊野神社。現代也稱為今熊野，那是平安時代末期，由後白河法皇所建造的神社。

一三七四年，在這裡發生了一件劃時代的事件。那就是室町幕府三代將軍足利義滿與能樂天才世阿彌的邂逅。

提到室町幕府三代將軍足利義滿，就是建造了金閣寺的名人。他出生於超級名門世家，父親那邊是源氏的望族，母親的高祖父則是順德天皇。義滿才十一歲就當上征夷大將軍，合併了南北朝並確立幕府的權力。二十歲的時候，他在室町蓋起新的大宅邸，將此稱為花之御所，室町幕府這個名稱也發祥於此。

這個義滿所寵愛的美少年，則是名氣極高的世阿彌。他與他的父親觀阿彌，一起將過去僅被視為鄉野技藝的猿樂（現代能劇），提升至優雅洗練的藝術地位。

世阿彌幼名鬼夜叉，因為父親觀阿彌的劇團受到大和朝廷興福寺（位於奈良）的庇護，他也就被當寺裡的稚兒養育。他才氣縱橫，又有著高雅的美貌，因此包括了東大寺的尊勝願經弁這位高僧在內的僧侶們都很喜愛他。最後觀阿彌的劇團得以打進京都，在醍醐寺表演了七天並引起話題。接著在一三七四年，在京都新熊野舉行公演，此時義滿將軍終於注意到觀阿彌、世阿彌父子了。

當時賣藝的人都是身分卑賤受人輕蔑的，除了少部分嗜好特殊的大名之外，現實就是大半的公卿武士都會對賣藝人敬而遠之，更別說要得到將軍的寵愛，實在是難以想像。

不過，其實在義滿之前，就有個人物注意到世阿彌了。那就是藤原家族的二条良基。春日大社祭祀著藤原家族的族神，家廟則位於興福寺，由於這一層關係，良基也就經常前往奈良。

他在那裡設宴的時候，世阿彌似乎也會以家廟所屬猿樂藝人的身分進行接待。此處所謂的接待，包括了性服務。

曾任關白的二条良基擁有攝政家族的家世，是個精通和歌、連歌、蹴鞠等當時宮廷文化的人。他替鬼夜叉取了「藤若」這個別名，教導他連歌，兩人往來甚為親密。

一般的猿樂師有教養的人並不多，但野心勃勃又對兒子美貌有所期待的觀阿彌為了將來，早早就替兒子實施貴族教育。

無論如何，在新熊野演出中，世阿彌的華麗表演及他的美貌讓義滿驚豔，也成了觀阿彌、世阿彌父子的庇護者，將世阿彌收做情人。這時的義滿十七歲、世阿彌十二歲。也因為獲得了將軍寵幸，世阿彌一躍成為當時的紅人。

從此之後，青年將軍與少年猿樂師卿卿我我的身影，到處都能見得到。在祇園祭觀看山車遊行的座位上，義滿身邊有世阿彌隨侍在側，看上去就像一對美麗情侶，人們彷彿在看璀璨之物般仰望他們。

想當然耳，也有許多人會嫉妒兩人過度親密的關係。其中一位押小路公忠在《後愚昧記》這麼寫道：

「大和猿樂之童，自演出落幕後便受將軍之寵愛，允其同席並共用餐具。像這樣的猿樂藝人本該為如同乞丐般的下等人。」

岩波文庫《風姿花傳》的校訂人西尾實，認為世阿彌的人生分為三個時期：第一時期是受到義滿莫大保護的四十五歲之前；第二時期是遭到將軍義持逐漸疏遠的六十五歲之前；第三時期則是被將軍義教打壓直到八十歲。

世阿彌的人生就是如此波瀾起伏，更嚴格地來說，他的極盛時期，應該就是受到義滿極其寵愛的十二至十八歲前後。至德元年（一三八四年）父親去世後，二十二歲的世阿彌繼承觀世大夫的名號，但這時義滿的寵愛已經逐漸轉移到率領近江猿樂的犬王道阿彌身上了。

觀世座能劇較迎合大眾口味且模仿元素濃厚，相對之下，犬王表演的是以優雅歌舞為中心的「幽玄能」。世阿彌本身也相當仰慕犬王，後來逐漸將自己作品改變成高度表現內在的幽玄能。

應永六年（一三九九年），世阿彌在京都的一条竹鼻這個地方，以支持義滿為名做了三天勸進猿樂的演出，同時開始撰寫非常有名的《風姿花傳》，人生至今為止可說是一帆風順。

然而，在義滿死後，他歷經其子義持的時代，一四二八年進入義教時代之後，就開始針對世阿彌露骨地迫害。

六十六歲的世阿彌忽然被禁止出入宮廷御所，隔年他兒子元雅的猿樂主辦權被剝奪，轉賜給外甥音阿彌。更不幸的是，一四三二年元雅年紀才三十二就撒手人寰。

以他的繼承人已死為由，義教強迫他讓音阿彌成為觀世家學的繼承人。不願遵從的世阿彌被治謀反之罪，高齡七十一歲還遭到流放。最後一四四一年因為義教遭到暗殺，而平反了他的流放之罪，世阿彌卻寂寞地去世了，享壽八十歲。

「淨愛」的世界　小姓制度

由於應仁之亂造成幕府與將軍的威權聲望直落，各地守護大名的勢力也逐漸削弱，取而代之的就是所謂的戰國大名抬頭。

當時每天的日子都是在打仗，因此男性同袍們一起度過的時間必然很多。在這樣的狀況中所產生的，就是隨扈在戰國大名身邊服侍的「小姓[21]」制度。

源賴朝開啟鎌倉幕府以來，武人太接近女人會被視為軟弱之人且遭到極度輕蔑，據說這也是男色發達的原因之一。然而，為了立下繼承人以及增加領地，迎娶妻子當然是有必要的，但那不過是以擴大勢力為目的的政治聯姻。

21　在戰時可取代妻子打理武士周身大小瑣事。

由於在婚姻生活中肯定找不到愛情，反而讓小姓制度更加發達。而且在戰爭中賭上性命並肩作戰，或許更能夠培養出精神方面的共同感，這是與妻子之間的關係中所看不到的。

要說的話就是南方熊楠所提倡，與「不淨愛」（重視肉體歡愉的男色）對立存在，「淨愛」（重視精神結合的男色）的世界。

提到小姓，一般人都會立刻想到的，就是服侍織田信長的森蘭丸了。當時有美少年隨侍在側，對於戰國大名而言是一種流行趨勢，而織田信長擁有的小姓數量甚至多得被稱為「小姓團」。森蘭丸是其中之一，也算是負責整合這些小姓的人。

森蘭丸是美濃兼山城主森可成的次子，十二歲時受雇到織田家成為信長的侍童。據說他這麼年輕就獲得美濃岩村五萬石的封賞。許多故事裡經常將他形容成絕世美少年，其實正史記錄中幾乎沒有特別提到他是否俊美，信長自己親手做的紀錄中也沒有特別註明。

可是他在歷史上極為知名的「本能寺之變」裡，為了主君英勇捨命戰至最後一刻，壯烈而死的情景，讓他的名字得以不斷流傳到後世。

另一方面，有種說法認為「本能寺之變」中那位明智光秀如此不走運，原因不是別人，正是由於森蘭丸的關係。光秀被視為織田家的智囊並受到重用，對此心生嫉妒的蘭丸就處處與光秀作對。一有什麼事就會在信長耳邊中傷光秀、說他的壞話。因此真的聽信這些話的信長，就逐漸討厭起光秀了。

提到信長的寵童，前田利家也是很有名的。利家給人較深的印象就是他是加賀[22]百萬石的城主，年輕時是位非常俊秀的美少年，本來就是信長的小姓。身高一百八十公分在當時來說是相當高大的，所以信長或許喜歡那樣高大的男人吧。

神的創造物中，最高等級的就是美少年　大內義隆

說到十六世紀統治山口地區的大內義隆，是個受讚譽為西國第一大名的人物。他與朝鮮及明朝之間進行貿易往來獲得鉅大財富，藉此規劃整備城市，並因心懷京都而做些暨小路、大殿大路等道路命名，並從京都拜請八坂神社及北野天神等眾神以建立神社，庇護繪製僧畫的雪舟以及連歌師宗祇，以及在山口大力推廣文化，而使山口又

22 位於現在的石川縣，當時是前田家封地。百萬石指他因軍功而共有三國百萬石領土收入，在當時所有大名中領地收入最高者。

被稱為「西京」。

一五五一年，一名為了宣揚基督教而來到日本的耶穌會傳教士聖方濟・沙勿略（San Francisco Javier），前來造訪大內義隆。

年輕的沙勿略滿腔熱血地造訪日本，但他的傳教活動一開始就困難重重。他雖提出晉見後奈良天皇及足利義輝的要求，但因為沒有帶進貢品而得不到首肯。他也嘗試找比叡山延曆寺的僧侶們辯論，但同樣被一口拒絕了。

失意的沙勿略，抱著最後一線希望造訪山口的大內義隆。他記取之前的失敗教訓，呈上望遠鏡、鋼琴、鏡子、繪畫、小型槍等許多進貢品。或許因為如此，大內很高興地允許了沙勿略傳教，還把當時已經廢寺的大道寺賞給他們一行人居住兼傳教。

沙勿略感激涕零，但很快就發現他必須面對意想不到的現實狀況。不為別的，就是義隆喜愛美少年這件事。

義隆不管走到哪裡身邊都帶著美少年，當沙勿略對這件事感到疑惑時，義隆居然大言不慚地說：「沒有人擁有比我還多的美少年。他們全都是心地善良又非常順從的孩子。神的創造物之中，最高等級的就是這些美少年了。」

沙勿略極為憤怒，告訴義隆：「男色是神最憎恨的罪行之一。如果你不想承受地獄之火，就應該立刻放走這些少年！」

然而，口譯的人很委婉地沒有把他粗暴命令的語氣如實翻譯，讓義隆以為他只是嫉妒，據說還故意在沙勿略面前擁抱並親吻一名美少年。

而在五個月之後，沙勿略的「下地獄」這個預言居然成真了。大內義隆因為從前的寵童陶隆房起兵叛變，落得慘死的下場。

陶隆房出身的陶家，是源於大內氏庶出的右田氏分家。他年輕的時候就是個知名的美少年，受到喜愛男色的義隆多方寵愛。

如果一切順利，就這樣下去肯定也是平步青雲出人頭地的。但天文十一年（一五四二年），大內氏因為跟出雲的尼子氏打仗大敗之後，讓情況改變了。這場敗仗讓義隆不再關心軍事發展，開始沉溺於文化藝術中而不去思考軍事情況。

這時在文治派中嶄露頭角的相良武任勢力抬頭，與尚武派的陶隆房形成對立局面。而義隆自己也置陶隆房不顧，看起來是更加親近相良的。

天文十四年，義隆的親生兒子大內義尊出生，以此為契機，陶隆房強制相良隱居。可是三年後，義隆讓相良回來擔任評定眾一職，反之將隆房調離群臣的中樞地位……此情況的政爭就這樣不斷擴大。

天文十九年，陶隆房計畫暗殺相良，但事前即形跡敗露還被密告給義隆知道。走投無路的隆房終於在隔年舉兵攻打大內氏，史稱「大寧寺之變」。

掌握軍權的隆房據說擁有一萬兵力，相對之下義隆手上至多不過二千至三千兵力。就在完全不足以抗衡的情況下，大內義隆逃往長門。最後，九月一日他在長門深川的大寧寺，不得已只能悲慘地自盡。長子義尊也慘遭隆房親手殺害，因此大內氏的嫡傳一脈至此全滅。

畢竟曾經比男女關係還要親密無間，因此男色關係一旦轉變成怨恨……還有什麼比這個更可怕的呢？

男色傳言不斷的大武將　武田信玄

由於川中島之戰而名震天下的武田信玄與上杉謙信，關於他們的男色傳言也從不間斷。

首先是武田信玄。他除了正室之外還有三個側室，同時似乎也偏好美少年。他特別寵愛的人，是後來名為高坂彈正的春日源助。信玄親筆寫給他的信還流存至今。

「此前彌七郎頻頻邀約，然吾以腹痛云云以此婉拒，此事真實無偽。」

信的內容信誓旦旦地說彌七郎雖然很積極地勾引信玄，但自己的肚子並不太舒服，所以什麼都沒做。這一切沒有任何虛假。

「吾未招彌七郎侍寢。此前未曾有過。無論日夜均不曾如此行事。何況今夜更不例外。」

信玄沒有找彌七郎侍寢過。以前沒有這麼做，而且無論白天晚上，都不會那麼做。更何況今天晚上也不會做那樣的事。

看來，是被大吃飛醋的源助責怪了吧。

於是，信玄接著寫道：「我總是想辦法要聯絡你，卻因為有許多要事在身而東奔西走，因此無法順心。為此反而使你心生懷疑，實在令人懊惱。」還表明如果自己的話有半點虛假，就要「接受我甲斐的一之宮、二之宮、三之宮、富士、白山、八幡大菩薩、諏訪上下大明神等眾神的責罰。」

這個小故事完全呈現信玄對源助有多麼痴心，以及在兩人關係中有多麼抬不起頭。名震天下的武將，一旦墜入愛河，也會變得不像他自己了吧。

疑似喜愛美少年的小故事　上杉謙信

至於他的死對頭上杉謙信方面，似乎也留下一些疑似喜歡美少年的故事。最有名的一位，就是以ＮＨＫ大河連續劇《天地人》為大眾所熟悉的直江兼續。此外，最近有人認為謙信與河田長親之間的關係也很可疑。無論是兼續或長親，都是眉清目秀且有才華、聰明伶俐的家臣，因此這些可能性絕對不是沒有。

此外，我們再多介紹一則故事。上杉統治的越後地區西鄰越中地區，越中地區的領主神保氏，對於經常讓他吃鱉的上杉有著很深的恨意。

於是，神保良春便決定在領地內尋找面貌俊秀的年輕人，訓練成為刺客，再送進上杉的領地。雀屏中選的人是東國浪人之子，十六歲的高木左傳次。他奉命進入越後去報名侍奉上杉，再伺機行刺。神保承諾等任務成功之後，會賜給他父親越中半國。

潛入越後的左傳次，在謙信居住的春日山城附近逮到機會提出侍奉謙信的申請，但謙信沒有立刻答應，把他交給家臣調查身家。甚至還派了探子去找尋找他所謂待在更科的母親，調查了一番後，確定他所說的都是謊言。

他把少年找來逼問，少年即臉色大變不知所措，畢竟真面目都被揭穿了。最後少年被逐出越後，而終身未娶的上杉謙信喜愛美少年的傳言，說不定已經傳遍了當時的鄰近地區。

寫信給寵童　伊達政宗

其實因為NHK大河連續劇而使大家都很熟悉的獨眼龍伊達政宗，也曾寫信給寵童並留存至今。政宗這個男人同樣有七名側室，也生了十四、五個孩子，但對他來說，男色似乎又是另一個層次的事。

信件目前收藏在仙台市立博物館裡，內容與武田信玄相同，都是在「辯解」，而且寫得非常冗長。對方是政宗的小姓，後來成為近侍並賞賜千石的只野作十郎。

一般認為這封信應該寫於元和三至四年（一六一七至一八），若從內容來推敲當時發生的事情，就是當時五十一、二歲的伊達政宗，與貌美的小姓只野作十郎締結了眾道之約。然而，有個托缽和尚卻密告政宗，說某人正暗戀著作十郎，因此政宗在酒宴上用很難聽的話責罵了作十郎。蒙受不白之冤的作十郎為了證明自己的清白，用刀劃傷了自己的手，並寫了一封誠意十足的誓約血書，送到主君手上。

當時，締結眾道之約的兩名男子，為了確認彼此的愛，都會進行「貫肉」或「腕引」的儀式，也就是用刀劃傷自己的大腿或手臂，以傷痕做為愛的證明。

大為吃驚的政宗於是辯解道：「說實在的太汗顏了，無論我說什麼都顯得很愚蠢，但其實前幾天的酒宴上我真的不記得我說了什麼話。」接著又寫出自己的後悔：「你竟然割傷自己的手臂寫了血書給我，讓我太心痛了。我如果在場的話，無論如何也會阻止你這麼做……」隨後又闡述了自己的苦衷：「為了回應你的心意，照道理來說我也該割傷手指或劃傷大腿、手臂什麼的，但我已經是個有兒有孫的人了，若洗澡沐浴時被其他小姓們看到，會說我為老不尊，也會讓我的子孫蒙羞……」之後他又再多做辯解道：「別看我這樣，我年輕的時候也曾藉著酒性割手或刺大腿，理所當然地為眾道做出證明。我向神發誓，我真的不是不願意這麼做。而且我的手臂或大腿上的傷痕難道還少了嗎？」「至少要寫下這封誓約書，用我的誠意送去給你，請求你的原諒。」最後政宗如此討饒。

這封信中已經完全看不出什麼主從關係了，信中有的，只是「愛慘了年輕美少年的中老年男子」的形象。沉溺在愛情中的哀傷與痴傻，在這封信中一清二楚地呈現出來。

戰國三大美少年　不破萬作

事實上，被稱為戰國三大美少年的小姓，是真實存在的。他們分別是侍奉蒲生氏鄉的名古屋山三郎、木村秀俊的淺香庄次郎，以及豐臣秀次的小姓不破萬作。

豐臣秀次是秀吉的姊姊所生之子。由於當時秀吉無後，因此有段時間將秀次視為繼承人，不過後來淀姬生了秀賴，秀次的存在也就變得礙事了。

於是，秀吉命令重臣石田三成虛構罪名，以企圖謀反來審問秀次。結果秀次奉命切腹謝罪，當時十八歲的不破萬作也追隨著主君殉死。

《聚落物語》中如此描述：

「生年十七，劃開了比雪更白皙清透的肌膚，看著他從左乳上方入刀，直接拉到右邊纖細腰際時，想來秀次也該完成自己該做的事了，於是手起刀落，萬作的頭顱便應聲落地。像他們之間感情如此之深厚，就不願意假手他人，一般的恩義反而膚淺多了。」

秀次親手當了自殺美少年的介錯[23]，共同殉死的情景，這一段描繪得既哀傷又美麗。由於不破萬作的絕世美少年知名度很高，喜歡他的人自不在少數，但想當然耳關白秀次的小姓，也不是那麼輕易就能伸手觸及的。

秀次有個家臣，是名叫小笠原信濃守的武將。他在侍奉主君的時候，逐漸被不破萬作的美麗所吸引。可是萬作深受秀次寵愛，他沒辦法隨便跟萬作說話。畢竟萬一被主君知道這份傾慕之情，肯定要接受責罰的。

信濃守感到苦惱卻仍痴戀著萬作，萬作察覺到他的愛慕，認為自己應該想個辦法回應他的感情。

至於他的做法，就是讓人準備兩頂大轎子，兩人分別上了轎，在擁擠的大馬路上讓兩頂轎擠碰在一起，然後其中一個就移到另一頂轎上，達成私會的目的。

此外，也有過這樣的事。萬作每次經過伏見附近一處叫深草的地方時，就會有個武士正襟危坐地等在路旁，萬分不捨地目送他。因為太頻繁看到他，覺得疑惑的萬作就派人去跟蹤武士。

看見武士走進位於深草的簡陋茅草屋裡，萬作的隨從也應邀進門，詢問武士緣由。武士一開始雖否認自己有那麼做，最後卻忽然不顧形象落下眼淚，開始娓娓道來。

武士來到京都之後，偶然見到了秀次一行人，也是第一次看到一行人之中的萬作。之後他忘不了萬作的美，想說至少要拜見他的玉容，所以就向家主請了假，待在這間陋宅裡，等萬作經過時目送他的身影。

萬作聽了之後感到萬分同情，偷偷地送了一封信給武士，上面寫著：

「**如果你聽聞郊外有狩獵活動，那麼當天晚上，你就喬裝打扮在瀨田橋附近等我即可。**」

後來終於有一天，主君秀次決定離開伏見的城堡出門狩獵。萬作在前往狩獵的路上假裝忽然腹痛，為了進行針灸治療，就隻身留在石山寺。

23 幫忙砍下切腹者頭顱，以減輕其死前痛苦。

到了半夜萬作偷偷溜出寺裡，在瀨田橋中央與變了裝的武士會合，兩人共度一夜春宵。

快天亮時，萬作脫下衣服最內層的貼身小袖給了武士，說道：「我受你的一片痴心感動，才會與你這麼做，但我想這樣的私會不會再有第二次了。這件送給你，至少做為你的慰藉。」

與萬作分別之後，浪人認為自己已得償所願，今後不知有何生趣，於是當場切腹，跳琵琶湖自盡。後來聽說他的屍體漂到志賀附近被撈起來，於是萬作偷偷命令隨從，在志賀的里寺誠心地安葬他的屍骨。

這種如詩如畫的美麗故事，或許半真半假聽聽就好。不過，關於萬作有多麼絕世傾城，又當時武士的思緒有多麼專一純情，透過這故事來想像一下也不壞。

追隨死去的主君而切腹的家臣　品川左門

萬治元年（一六五八年）十一月某日，金澤寶圓寺的中庭鋪上草席，四周圍起籬笆，垂降著布幕。一個月之前加賀藩主前田利常以六十六歲之齡去世，而他的寵臣品川左門即將要進行切腹儀式。《三壺記》的作者描述了這個切腹的場景：「於是他脫下上衣，坦露出甚至不曾示現給兒子看的白玉肌膚……」除了死去的主君之外，連親生兒子都不曾見過的肌膚，就在眾人的目光下坦露，並充滿男子氣概地以脇差（短刀）劃破腹部的品川左門。

悲壯的最後一刻顯然使得聚集而來的人們非常感動，《三壺記》寫道：「無論與他相不相識的人都圍在一旁，沒有人不抬袖拭淚。」

從字裡行間可以想像到，左門不單只是前田利常的家臣，應該也被當成同性戀對象受到寵愛。十八年前，前田利常寵愛過一個叫脇田豬之助的少年，但少年在寬永十七年（一六四〇年）忽然就病死了。

傷心欲絕的利常捨不得豬之助，於是命令家臣去尋找神似豬之助的少年。家臣多番尋訪之後終於找到的神似少年，就是品川左門。

之後利常對左門極為寵愛，左門以前田家家臣身分平步青雲，成為最有實力的親信站上了頂點。即使利常急病而死前，在還有意識時也是一直喊著左門的名字直到最後。

既然如此受到寵愛的家臣，原本應該在主君死後，就要追隨主君腳步殉死，這是當時的風氣，但左門卻沒有那麼做。事實上利常生前曾經命令左門，如果自己有什麼萬一，絕對不准左門追隨，而是要守護利常的繼承人，也就是才十六歲的孫子前田綱紀。

於是，左門信守承諾活了下來，然而利常死後還不到一個月，某個江戶的有力人士就偷偷地勸左門殉主，因為若他不死，反而會危害到綱紀的立場。

於是決心一死的左門選擇了寶圓寺做為切腹地點，或許他是希望盡可能地讓更多人知道，自己並不是因為不想死才遲遲不殉主的吧。一旦到了要切腹的那一刻，布幕揭起，連寺廟的山門也開放，他想讓周圍聚集觀看的人們看看自己臨死的樣子。

追隨主君身後選擇死亡的家臣……這一幕在戰國時代並不罕見，但只要想到同性之愛這樣的羈絆將彼此牢固地聯繫在一起，應該就能產生另一層面的感動吧。

妻子們能夠接受丈夫的同性性行為嗎？　節姬

對於丈夫寵愛美少年的性癖好，做妻子們的又是怎麼想呢？這部分我們也很好奇。而關於這點，也留下了耐人尋味的一些記錄。

元祿十二年（一六九九年），加賀藩主前田綱紀的女兒節姬，嫁給了廣島藩主的繼承人淺野吉長。節姬一嫁進來，就向家老提出要求，說想要看淺野家的「侍帳」（類似藩屬武士名冊），於是家老便拿來給她過目。

看了之後，節姬感到奇怪，為何侍帳裡完全沒有記載兒小姓[24]的名字，一問之下獲得的回答是：「兒小姓等一干人，於夫人嫁入前，便全都奉命元服，接著出遊去了。」（《松雲公御夜話》）

也就是在這位前田家千金小姐嫁進來之前，吉長就讓侍奉他的小姓們全放假出門了。這表示吉長是有男色嗜好的，只是他擔心萬一看到他的性關係對象是這些美麗小姓，會讓嫁進來的前田家小姐心裡不高興。

聽了這些話之後，節姬表示他們不必如此擔心，自己並不在乎丈夫身邊有美少年服侍，而且大名的身邊還是需要有兒小姓才行……據說之後還從家裡選了些美少年來當兒小姓侍奉吉長。

24　元服（成年禮）之前的小姓。

看來，這是一位非常識大體的好小姐，她在被稱為明君的有名父親影響下，也是個知書達禮的聰明女子，刻意壓抑嫉妒的感情，展現自己能接受丈夫同性戀行為的雍容大度。

不過，吉長似乎因此得意忘形，美少年嗜好愈來愈誇張。等到許久之後，有一次淺野吉長替一名新吉原的遊女（妓女）贖了身，又再替芝神明宮前的兩名陰間贖身。不只如此，還打算帶這幾個遊女、陰間回到自己的國內。

大受打擊的節姬懇求吉長，就只有這件事萬萬不可，但吉長沒有理會，賜了華衣美飾給這些遊女、陰間穿戴，讓他們跟著回國。

吉長天真地認為寬宏大量的妻子這次也會容忍，這想法似乎大錯特錯。根據《續漸雜記》記載，這名憤慨的妻子居然在享保十五年（一七三〇年）九月，留下遺書後割腕自殺了。

當時的遺書內容如下：

「特別是，大名玩樂過度，替這些玩樂對象贖身這麼不應該的事他卻堅持要做，甚至還想帶他們一起回國，如此任意妄為，若傳到當今將軍大人耳裡，情何以堪。」

也就是夫人怪罪的，並不是丈夫替遊女或陰間贖身，而是要帶他們回國這一點。不過說起來，這也可能只是藉口。說不定是因為過去一直隱忍的嫉妒情緒，終於到了極限而爆發開來。

元服前的少年留劉海，散發著難以抵擋的性感魅力　若眾歌舞伎

戰亂年代即將結束的時期，「歌舞伎舞蹈[25]」相當地受歡迎，是現代歌舞伎的源頭。最早是由一名叫出雲阿國的女子在京都開始跳的，當時出女性扮男裝，而男性扮女裝來表演。

那個時候的演藝表演會兼賣色，因此遊女們就模仿她，開始跳起歌舞伎舞蹈。據說江戶地區在現代京橋附近，京都則在四条河原附近，歌舞伎座林立。

25　漢字為傾奇踊（kabuki-odori），穿著誇張服飾跳大動作的舞蹈。

因為太受歡迎，連大名們都迷上了歌舞伎。例如刈谷城主水野等，據說他讓一整座自己抱過的女歌舞伎陪伴著他來到京都，藉機炫耀。幕府認為這樣根本是傷風敗俗，因此在寛永六年（一六二九年）便禁止了女歌舞伎。之後，遊女也只能在類似遊廓那樣的指定地區做生意。

而女歌舞伎一旦被禁止，若眾[26]們就只能自己演出歌舞伎舞蹈，稱其為「若眾歌舞伎」。根據《東海道名所記》中所描繪的草創期歌舞伎的光景，觀眾會熱情地鼓譟並喊叫著「要死了要死了」，演出結束後甚至會因為太興奮而發生械鬥爭端。

這麼一來，禁止女歌舞伎也沒什麼意義，於是慶安五年（一六五二年），就直接禁止了「若眾歌舞伎」。導火線則是下列這則故事。

町奉行[27]石谷十藏某天受邀請參加某場家宴。上前接待他、留著劉海的少年看起來伶俐又美麗。有點心動的石谷，想起他受某人之託要雇一個小姓，便打算找眼前的少年。因為石谷原就是個很熱心的人。

於是，他向這家的主人打聽少年的身分，才知道他居然是境町[28]的歌舞伎男孩。想到自己竟被低三下四的男孩迷住而顏面盡失的石谷惱羞成怒，回家後立刻命令屬下（副官）出發前往境町，當晚就要求當地村里的主官剃掉這些舞伎的劉海。

由於當時的人們認為，元服前少年的劉海有股說不出的性感。因此這起事件，比起身在現代的我們所想像的還要嚴重許多。據說，看著面前的演員們被剪掉了劉海，圍觀的人紛紛「悲傷嘆息、難過地落下血淚」。

這個時期位於江戶的猿若座、村山座、山村座不得不選擇停演，勉勉強強地讓歌舞伎苟延殘喘。從這時開始，「若眾（美少年）歌舞伎」變成了「野郎（臭男人）歌舞伎」。同時，少年演員們賣色的情況也愈來愈興盛。

演員們因為劉海被剃掉，髮型不時尚而感到煩惱，最後想出了一個好辦法。他們把大約三尺長的染色手帕綁在額頭上，尾端就像長頭巾一樣從後方垂下，然後再登臺表演。

當然，其中也是會有人在原本劉海處戴上假髮登臺，但這麼做終究還是被禁止。後來從天和年間開始，就在四方形綢帕的四個角綁上垂飾後，戴在前額。到了元祿年間，又用紫色的縮緬布來取代，因此顏色似乎愈繽紛、愈性感了。到了十七世紀，京都、大

26 未成年的男舞者、演員。

27 江戶幕府的職稱，掌管領地內都市的行政、司法。

28 位於現今的茨城縣內。

阪、江戶三都的人氣演員輩出，坊間還出版了《評判記》這樣的名鑑，接下來約兩百年的時間經歷各種形式演變，名鑑也是一本又一本地出版。

尤其是寺廟裡的僧侶們更是為之瘋狂。他們雖然想買年輕演員卻沒有錢，只好賣掉寺裡的日用品、泡茶煮水的工具等，若再不足就去販賣木材以買下少年演員，據說一個接著一個因此而窮途潦倒……

美少年所跳的「風流踊」 德川家光

三代將軍德川家光也是若眾歌舞伎的大粉絲，據說經常出門去觀賞大名家裡舉辦的歌舞伎表演。家光是秀忠的長子，母親阿江夫人是淺井長政的女兒也是織田信長的外甥女。二〇一一年NHK大河連續劇《江〜戰國三公主》播出後，「阿江」也變得家喻戶曉。

家光幼少時期總是穿女裝，喜歡跳舞，在三十多歲之前都對女性不感興趣。

當時，美少年流行跳所謂的「風流踊」，是指一種扮裝列隊的舞蹈。《西國盛衰記》就曾有紀錄，天主教徒大名大友宗麟，就叫城內的人跳風流踊讓他觀賞。

跳舞的人全都是男性，大家都穿著女裝，點綴著金銀箔的服裝上，還插著帶金色墜飾的大脇差，跳舞時手裡搖著以亮黃色交叉織紋的絹絲做成的扇子。演出完畢之後，會出現「自上至下都陶醉不已，讚歎聲不絕於耳」的盛況。

由於家光實在非常熱中於風流踊，伊達政宗等人就選了一些美少年，讓他們學舞之後提供給家光欣賞。而有不少大名也都向家光看齊，從坊間找來舞者教自己的近侍跳舞，有時候就讓這些人跳給自己欣賞。

那麼，提到這位家光的寵童，大家最先想到的，應該就是堀田正盛了。他是家光的奶媽春日局的親戚，十三歲就去侍奉十五歲的家光，從小姓組番頭一路平步青雲當到老中，到去世為止都在幕府核心服侍家光。

一般來說，只要少年元服後就可以不必侍寢，但據說他成年之後仍與將軍維持性關係。曾經發生過當他得了熱病奄奄一息時，家光還趕來探病，親自用扇子替他搧風，讓他奇蹟似地保住一命。

家光死後，正盛在葬禮當天就殉主了。而且不脫下上衣露出肌膚就直接切腹，彷彿在守護貞操似的，總覺得聽起來有點情色。正盛此時已經當到了大政參與這麼重要的職位，所以他的殉主在當時坊間引起了很大的騷動。

而說到堀田正盛的情敵，就是酒井重澄了。家世顯赫，代代都是德川家重臣。他經常跟正盛爭風吃醋，家光也會予以回應寵愛。還曾有則小故事，就是家光半夜忽然很想見他，想得要命，於是偷偷溜出城跑去找他。

有一次家光找來兩人，親自泡茶招待他們。見他先敬堀田一杯，內心不爽快的酒井直接把茶碗扔向小窗口外的石頭砸破了。一般來說這種大不敬行為是會人頭落地的，但家光只是很得意地笑著說：「你沒想到我會先給正盛吧。」

然而有一次，重澄以生病為藉口缺勤，而且這段時間還讓妻妾生了孩子，被家光發現了。但從前家光就已經交代過不許他跟妻妾生小孩。嫉妒得發狂的家光因此收回重澄的領地，還幽禁了他。九年之後，失意的重澄便自盡而死了……

美少年與將軍　德川綱吉

四代將軍家綱死後，由於沒有嫡子，因此由三代將軍家光的庶子綱吉繼承將軍之位。綱吉的母親在官方說法中，是京都二条關白家的家司本庄太郎兵衛宗利之女，但實際上是菜販的女兒，名叫阿玉。

因為阿玉貌美，一開始雖是負責服侍家光的側室阿萬，但家光卻對她下手，也讓她生下了綱吉。家光死後，阿玉成為桂昌院並獲得極大的權勢。

提到綱吉，無論如何會立刻想到的就是他頒布了《生類憐憫令》吧。不過除此之外，他也曾經制訂預防拋棄、殺害子女的政策、取締盜賊令、監獄改善政策等，是個勤於推動好政令的將軍。

其實這位綱吉也是出了名的喜好男色，在據說是儒學家太宰春台所作的《三王外記》中，就明載了綱吉性好男色一事，還列舉了細川有孝、池田輝錄、酒井忠直、水野忠周、龜井茲親、松平忠德、井伊直朝，以及那位柳澤保明（吉保）等等許多名字。其中大半都是大名的子弟。

當時江戶城內有按照格局劃分給大名聚集的房間，包括雁之間、柳之間、菊之間、溜之間等等。而在綱吉的時代，設了一個名為「桐之間」的房間，據說集中了從旗本或御家人[29]裡選出的美貌男子。

29 兩者是不同的朝臣系統。

還有人說當時光是做為綱吉對象的年輕男子就有一百五十多人。而且不只武家子弟，裡面還包括了能劇演員。不過，綱吉是個喜新厭舊的人，所以進入桐之間的美少年，總是汰換個不停。

根據當時有名的歌人戶田茂睡所著《御當代記》中的記載，貞享三年（一六八八年）六月，小姓中的伊東淡路守被罰關禁閉，之後被貶去當南部遠江守，理由是「近身侍奉將軍的人禁止與女子發生關係，但伊東淡路守卻娶妾還生子，而且被將軍發現了」。

受到綱吉寵愛的美男子之中，最飛黃騰達的大概就是連續劇裡面經常出現的柳澤吉保了。他在綱吉成為將軍之前就以小姓身分侍奉綱吉，因為美貌與才氣兼備，因此獲得綱吉極大的愛與信賴，最後甚至當上了大名。

事實上，在柳澤宅邸中也養了二十多名將軍喜愛的美少年，讓他們過著團體住宿的生活。他們被嚴格地指導了規矩與教養，而且只要稍微發胖一些，伙食的分量居然就會減少。

他們的日常生活連小細節都被規範，尤其對於要外出時的行動，規矩更是嚴密。不用說跟其他男人說話了，連視線交會都是禁止的。他們就像是修行僧一樣，在徹底的管理之下遭到軟禁。即使是跟家人之間也很難得見面或通信。

柳澤的四個心腹每天會嚴格監控他們的行動，並定期向柳澤報告。換句話說，這就是個美少年後宮。

也因此，綱吉時不時就會來造訪柳澤家。表面上的目的是來欣賞能劇，但真正的目標應該就是這些美麗的寵童了。而柳澤也很有手段，想必他是因為自己年歲漸長失去魅力，就提供給綱吉一些年輕水嫩的美少年，藉此保住綱吉的榮寵吧。

陰間①

就像前面提過的，慶安五年（一六五二年）「若眾歌舞伎」遭到禁止。在若眾歌舞伎中，前額留著劉海的美少年們跳著妖豔的舞蹈勾引觀眾，下了舞臺則像遊女一樣攬客。認為這種情況太糟糕的幕府，就命令歌舞伎演員剃掉他們的招牌前額劉海。

剃了前額髮的頭型又稱「野郎[30]頭」，因此之後的歌舞伎也稱「野郎歌舞伎」。是現代歌舞伎的原型。不過，轉變為野郎歌舞伎之後，人氣並未下滑，反而還愈來愈受

30　日文中，男人或臭男人的俚俗說法。

歡迎，賣春行為也更氾濫了。

從這時期開始，少年們分別從事兼職演員與賣色的「色子」、不當演員只賣色的「陰子（陰間）」，以及巡迴各地開業賣色的「飛子」等工作，歌舞伎也自此成為一大娛樂產業。

至於出現「陰間茶屋」這種男妓院的發展脈絡，一開始是只以京都或大阪為中心興盛的產業，自享保年間改革時期，江戶也開始大流行了起來。到了十八世紀中期，江戶有十個地方設有男色花街，據說共有多達二百三十名陰間或色子。

而當初做若眾打扮的他們，也開始穿起女裝。十八世紀後半成了男色賣春的全盛時期，這時的陰間幾乎都穿著女子振袖和服。當時的湯島一帶，據說就是陰間的知名場所。

文政天保年間，只要過年時期到湯島天滿宮參拜，就能看到穿著振袖和服的陰間們。根據《風俗畫報》所載，他們的樣子「玩著追逐遊戲，身穿染印當時流行花色的衣服，腰間纏著寬腰帶，頭梳島田髻[31]，臉施脂粉，總的來說就是打扮得有如良家少女，任振袖隨春風擺盪，腰肢細軟嬋娟窈窕，活脫脫是如花似玉的美女」。

陰間②

會成為陰間的人，也都像遊女一樣，因為生活困頓而賣身的，其中多為十二至十三歲左右的貧窮商家或浪人[32]之子。江戶男子通常言行舉止都比較粗裡粗氣，因此大致上以京都或大阪的貧窮子弟較受歡迎。

例如，大阪有丹波屋等仲介住宿地，那裡就聚集了面貌秀麗的少年們。這種仲介商讓少年們留前額劉海做小男孩打扮，經由東海道來到江戶之後，學習三絃琴、流行小曲、歌舞等，再教導他們侍寢的方法。

我們就來說說有些腥羶色的話題吧。少年們在肛門裡塗上胡麻油潤滑後，放進女性用的假陽具，據說這種行為每天都要重複許多次。假陽具的尺寸也會從小尺寸、中尺寸再變大，逐漸增加。

31　江戶時代一般女性的髮型。
32　沒有主人的武士。

來自京都的陰間（色子）態度圓融肢體也很柔軟，說話輕聲細語，會用若有似無的眼波流轉勾引似地看著對方，明豔動人，不是隨處可見的女性所能匹敵。例如，藤村屋（陰間茶屋）裡從大阪來到江戶，名叫力松的色子，就非常受歡迎。他穿著振袖和服繫著垂布的寬腰帶，像是長了一對翅膀的姿態彷彿是一幅畫，在江戶地區大受好評。後來他被上野寬永寺招去之後，還自誇說已經讓上野三十六位和尚院主成了自己的恩客，反讓他們來信奉自己了。

陰間或是色子，一般到了十七至二十歲左右就不再從事這份工作。幸運的人能拿到上級恩客所給的錢來經營陰間茶屋，或是開個料理店，有些也能去寺廟裡做幫傭，往後都可以過著安定的生活。

另一種生存方式，就是改變模式，接著賣身給異性。在成熟又玩得開的女性客人眼中，稚嫩的少年根本滿足不了她們，這種情況下，較為年長的陰間反而受到她們喜愛。由於陰間也擅長跳舞或彈奏三味線，有些人會因此成為陪伴御殿女中[33]喝酒的對象。由於門禁森嚴的藩邸無法任由奧女中自由出入，因此都是由陰間穿著女裝後偷渡進房間裡。

《甲子夜話》中有段故事是這樣的，加賀藩的奧女中趁著府邸內舉辦歌舞伎狂言表演時，偷偷把穿著女裝的陰間帶進來。然而，其中一名陰間因為站著小便被下人看到，這才東窗事發。

33 江戶時代在將軍或大名的後宮替夫人們工作並教導其才藝的後宮女官。

參考書目（參考頁數省略）

《シェイクスピアの人間学》小田島雄志（新日本出版社）
《シェイクスピアを楽しむために》阿刀田高（新潮社）
《ソネット集》ウィリアム・シェイクスピア（岩波書店）；《十四行詩》（Shakespeare's sonnets，中譯本，遠東圖書，一九九九年）
《深読みシェイクスピア》松岡和子（新潮社）
《謎解きシェイクスピア》河合祥一郎（新潮社）
《シェイクスピアのソネット》（文藝春秋）
《シェイクスピアについて僕らが知りえたすべてのこと》ビル・ブライソン（日本放送出版協会）
《お気に召すまま》シェイクスピア（新潮社）
《ロミオとジュリエット》シェイクスピア（新潮社）；《羅密歐與茱麗葉》（Romeo and Juliet，中譯本，臺灣商務，二〇一四年）
《ハムレット》シェイクスピア（新潮社）；《哈姆雷特》（Hamlet，中譯本，遠東圖書，一九九九年）
《マクベス》シェイクスピア（新潮社）
《ミケランジェロ》ルッツ・ホイジンガー（東京書籍）
《ミケランジェロ》田中英道（講談社）
《芸術家列伝3　レオナルド・ダ・ヴィンチ、ミケランジェロ》ジョルジョ・ヴァザーリ（白水社）
《ミケランジェロ》辻成史（新潮社）
《ミケルアンヂェロ》羽仁五郎（岩波書店）
《ミケランジェロ》ハワード・ヒバード（法政大學出版局）

《ミケランジェロの手紙》ミケランジェロ（岩波書店）
《ミケランジェロ愛と美と死と》會田雄次（誠文堂新光社）
《ミケランジェロ》フィリップ・ウィルキンソン（BL出版）
《図説ミケランジェロ》青木昭（河出書房新社）
《ミケランジェロ》ピエルルイージ・デ・ヴェッキ（西村書店）
《芸術神ミケランジェロ》ポール・バロルスキー（ありな書房）
《失われた時を求めて　全巻》マルセル・プルースト（新潮社）
《平家物語　全巻》岩波書店
《新・平家物語　全巻》吉川英治（朝日新聞社）
《岩波講座　日本歴史　全巻》（岩波書店）
《性慾の文化史　全巻》井上章一（講談社）
《平安朝の女と男》服藤早苗（中央公論社）
《江戸の性愛術》渡邊信一郎（新潮社）
《江戸の閨房術》渡邊信一郎（新潮社）
《江戸の性風俗》氏家幹人（講談社）
《江戸の性愛学》福田和彥（河出書房新社）
《新・歴史群像シリーズ5　闘神武田信玄》（學習研究社）
《新・歴史群像シリーズ16　上杉謙信》（學習研究社）
《上杉謙信　信長も畏怖した戦国最強の義将》相川司（新紀元社）
《西行》饗庭孝男（小沢書店）
《ネロ》ジェラール・ヴァルテル（みすず書房）
《ネロ》フィリップ・ファンデンベルク（河出書房新社）

《シェイクスピア・ミステリー》ジョーゼフ・ソブラン（朝日新聞社）
《王朝貴族物語》山口博（講談社）
《西行花伝》辻邦生（新潮社）
《平安王朝》保立道久（岩波書店）
《モードの生活文化史　全巻》マックス・フォン・ベーン他（河出書房新社）
《万葉集》（岩波書店）
《今鏡》（講談社）
《古事記》（岩波書店）
《日本書紀》（岩波書店）
《宇治拾遺物語》（新潮社）
《西行》高橋英夫（岩波書店）
《大伴家持　人と文学》針原孝之（勉誠出版）
《大伴家持》北山茂夫（平凡社）
《大伴家持》山本健吉（筑摩書房）
《大伴家持》廣澤虔一郎（叢文社）
《完訳　源平盛衰記》西津弘美訳（勉誠出版）
《ランボーの生涯》ピエール・プティフィス他（筑摩書房）
《ドルヂェル伯の舞踏会》レーモン・ラディゲ（角川書店）；《伯爵的舞會》（Le Bal du Comte d'Orgel・，中譯本，小知堂文化出版，二〇〇〇年）
《ローマ皇帝伝》スウェートニウス（現代思潮社）
《サロメ・ウィンダメア卿夫人の扇》オスカー・ワイルド（新潮社）
《ローマの歴史》インドロ・モンタネッリ（中央公論社）

《私のジャン・コクトー》ジャン・マレー（東京創元社）
《恋する物語のホモセクシュアリティ》木村朗子（青土社）
《演劇人世阿弥》堂本正樹（日本放送出版協會）
《男色文献書志》岩田準一（岩田貞雄）
《有明の月─豊臣秀次の生涯》澤田ふじ子（廣濟堂出版）
《古代ローマ風俗文化史》オットー・キーファー（桃源社）
《両性具有》パトリック・グライユ（原書房）
《ジル・ド・レ論》ジョルジュ・バタイユ（二見書房）
《ヴェルレーヌ》野内良三（清水書院）
《天の手袋》江口清（カルチャー出版社）
《ニジンスキー　神の道化》鈴木晶（新書館）
《森蘭丸》八尋舜右（ＰＨＰ研究所）
《天国と地獄の結婚》新庄嘉章（集英社）
《欲望という名の電車》テネシー・ウィリアムズ（新潮社）
《ガラスの動物園》テネシー・ウィリアムズ（新潮社）
《ニジンスキーの手記》ヴァーツラフ・ニジンスキー（新書館）
《同性愛の謎》竹内久美子（文藝春秋）
《ＢＬ新日本史》堀五朗（幻冬舍）
《ジャン・ジュネ全集全巻》（新潮社）
《ジャン・ジュネ　身振りと内在平面》宇野邦一（以文社）
《ガニュメデスの誘拐》ドミニック・フェルナンデス（ブロンズ新社）
《同性愛の歴史》ロバート・オールドリッチ（東洋書林）

《ネロ》ジェラール・ヴァルテル（みすず書房）
《南方熊楠男色談義》長谷川興蔵他（八坂書房）
《武士道とエロス》氏家幹人（講談社）
《夜の樹》トルーマン・カポーティ（新潮社）
《森蘭丸》澤田ふじ子（光文社）
《ティファニーで朝食を》トルーマン・カポーティ（新潮社）；《第凡內早餐》（Breakfast at Tiffany's：中譯本，臺北，臺灣商務印書館，一九九八年）
《怖るべき子供たち》ジャン・コクトー（角川書店）
《書物の王国9 両性具有》バルザック他（国書刊行會）
《少年愛の美学》稲垣足穂（徳間書店）
《ホモセクシャルの世界史》海野弘（文藝春秋）
《湖のトリスタン》田代櫂（音樂之友社）
《ジッドの秘められた愛と性》山内昶（筑摩書房）
《トーキングヘッズ叢書№24　少年×タナトス》（アトリエサード）
《封印された名君　豊臣秀次》渡邊一雄（廣濟堂出版）
《別冊幻想文学11　アンドロギュノス！》（アトリエＯＣＴＡ）
《ユリイカ　第七巻第八号》（青土社）
《ユリイカ　第六巻第十三号》（青土社）
《ユリイカ　第十二巻第十号》（青土社）
《現代思想第八巻第一号》（青土社）
《男色の景色》丹尾安典（新潮社）
《男同士の絆》イヴ・K・セジウィック（名古屋大學出版會）

《青髯ジル・ド・レー》レナード・ウルフ（中央公論社）
《織田信長軍団一〇〇人の武将》谷口克廣他（新人物往来社）
《同性愛の百年間》デイヴィッド・M・ハルプリン（法政大學出版局）
《回想　回転扉の三島由紀夫》堂本正樹（文藝春秋）
《ゲイ文化の主役たち》ポール・ラッセル（青土社）
《《青髯》ジル・ド・レの生涯》清水正晴（現代書館）
《失われし友情　カポーティ、ウィリアムズ、そして私》ドナルド・ウィンダム（早川書房）
《ホモセクシュアリティ》土屋恵一郎（弘文堂）
《クローゼットの認識論》イヴ・コゾフスキー・セジウィック（青土社）
《同性愛のカルチャー研究》ギルバート・ハート（現代書館）
《レオナルド・ダ・ヴィンチ小伝》I・B・ハート（法政大學出版局）
《人と歴史　レオナルド・ダ・ヴィンチ》西村貞二（清水書院）
《人と思想　トーマス・マン》村田経和（清水書院）
《男色の民俗学》礫川全次（批評社）
《武士道》新渡戸稲造（PHP研究所）
《図説児童虐待全書》マルタン・モネスティエ（原書房）
《ヘリオガバルス》アントナン・アルトー（白水社）
《評伝　ジャン・コクトー》ジャン・ジャック・キム他（筑摩書房）
《ジュネ伝　全巻》エドマンド・ホワイト（河出書房新社）
《三島由紀夫とトーマス・マン》林進（鳥影社・ロゴス企画）
《戦国武将はイケメンがお好き？》渡邊大門（KKベストセラーズ）
《トルーマン・カポーティ》ジョージ・プリンプトン（新潮社）

《1900年のプリンス》フィリップ・ジュリアン（国書刊行會）
《カポーティ》ジェラルド・クラーク（文藝春秋）
《美少年尽くし》佐伯順子（平凡社）
《ジャン・コクトー》高橋洋一（講談社）
《泰西少年愛読本》須永朝彦（新書館）
《ぼく自身あるいは困難な存在》ジャン・コクトー（筑摩書房）
《テネシー・ウィリアムズ評伝》デイキン・ウィリアムズ他（山口書店）
《狂王ルートヴィヒ》ジャン・デ・カール（中央公論社）
《昭和美少年手帖》中村圭子（河出書房新社）
《ルートヴィヒⅡ世》須永朝彦（新書館）
《聖ジュネ　全巻》ジャン・P・サルトル（新潮社）
《テネシー・ウィリアムズ回想録》（白水社）
《テネシー・ウィリアムズ》ロナルド・ヘイマン（平凡社）
《男色演劇史》堂本正樹（薔薇十字社）
《書物の王国　同性愛》小栗虫太郎他（国書刊行會）
《占領下日記　全巻》ジャン・コクトー（筑摩書房）
《ジャン・マレーへの手紙》ジャン・コクトー（東京創元社）
《花のノートルダム》ジャン・ジュネ（新潮社）；《繁花聖母》（*Notre Dame des Fleurs*，中譯本，臺北，時報出版，1996年）
《泥棒日記》ジャン・ジュネ（新潮社）；《竊賊日記》（*Journal du voleur*，中譯本，時報出版，一九九四年）
《ジャン・ジュネ伝》ジャン=ベルナール・モラリー（リブロポート）
《マルセル・プルースト》エドマンド・ホワイト（岩波書店）

《マルセル・プルースト　全巻》ジョージ・D・ペインター（筑摩書房）
《プルーストと同性愛の世界》原田武（せりか書房）
《日本における男色の研究》平塚良宣（人間の科學社）
《美少年日本史》須永朝彦（国書刊行會）
《江戸の男色》白倉敬彦（洋泉社）
《作家と人間叢書　ジイド》ジャック・ヴィエ（ヨルダン社）
《世界の文学32　プルースト》（中央公論社）
《ギリシア人の性と幻想》吉田敦彦（青土社）
《鏡の国の少年たち》渡部實（三一書房）
《評伝　プルースト　全巻》ジャン=イヴ・タディエ（筑摩書房）
《永遠の作家叢書　ランボー》イヴ・ボヌフォワ（人文書院）
《筑摩世界文学大系48　ランボオ他》（筑摩書房）
《書物の王国8　美少年》ジャン・コクトー他（国書刊行會）
《世界の歴史　全巻》松田智雄他（中央公論社）
《オスカー・ワイルド》メリッサ・ノックス（青土社）
《一粒の麦もし死なずば》アンドレ・ジッド（新潮社）；《如果麥子不死》（*Si le grain ne meurt*，中譯本，麥田出版，二〇一六年）
《贋金つくり》アンドレ・ジッド（新潮社）
《狭き門》アンドレ・ジッド（新潮社）；《窄門》（*La Porte Étroite*，楊澤，書華，一九八六年）
《ランボオの手紙》（角川書店）
《ドリアン・グレイの肖像》オスカー・ワイルド（新潮社）；《格雷的畫像》（*The Picture of Dorian Gray*，中譯本，遠流出版，二〇一五年）

《冷血》トルーマン・カポーティ（新潮社）；《冷血》（*In Cold Blood*，中譯本，遠流出版社，二〇〇九年）
《ジッドの日記　全巻》（小沢書店）
《カポーティ》越智博美（勉誠出版）
《やおい幻論》榊原史保美（夏目書房）
《隠喩としての少年愛》水間碧（創元社）
《やけたトタン屋根の上の猫》テネシー・ウィリアムズ（新潮社）
《世界醜聞劇場》コリン・ウィルソン他（青土社）
《シェイクスピアの世界》フランソワ・ラロック（創元社）
《ラディゲ全集》（雪華社）
《オスカー・ワイルドの生涯》山田勝（日本放送出版協会）
《江戸の少年》氏家幹人（平凡社）
《源義経》渡邊保（吉川弘文館）
《藤原氏の正体》關裕二（新潮社）
《レオナルド・ダ・ヴィンチの手記　全巻》（岩波書店）
《南方熊楠コレクション3　浄のセクソロジー》（河出書房新社）
《葉隠入門》三島由紀夫（新潮社）
《レオナルド・ダ・ヴィンチ》ロバート・ペイン（草思社）
《モナ・リザの秘密》加茂儀一（日本經濟新聞社）
《レオナルド・ダ・ヴィンチ》裾分一弘（中央公論美術出版）
《澁澤龍彥集成　全巻》（桃源社）
《オスカー・ワイルドの遺言》ピーター・アクロイド（晶文社）
《両性具有の美》白洲正子（新潮社）

《世阿弥》白洲正子（講談社）
《風姿花伝》世阿弥（岩波書店）
《西行》白洲正子（新潮社）
《「女装と男装」の文化史》佐伯順子（講談社）
《江戸のかげま茶屋》花咲一男（三樹書房）
《女装と日本人》三橋順子（講談社）
《破戒と男色の仏教史》松尾剛次（平凡社）
《滅びの美「敦盛」》小池義人（大本山須磨寺）
《男はなぜ化粧をしたがるのか》前田和男（集英社）
《源義経》上横手雅敬（平凡社）
《歴史群像シリーズ76 源義経》（學習研究社）
《その後のニジンスキー》R・ニジンスキー（現代思潮社）
《華文字の死想》松田修（ペヨトル工房）
《ミケランジェロの生涯》ロマン・ロラン（岩波書店）
《世界伝記双書　レオナルド・ダ・ヴィンチ》マルセル・ブリヨン他（小學館）
《カポーティとの対話》ローレンス・グローベル（文藝春秋）
《太陽王と月の王》澁澤龍彥（大和書房）
《ユリイカ　4　カポーティ》（青土社）
《マンと三島　ナルシスの愛》高山秀三（島影社・ロゴス企画）
《獄中記》オスカー・ワイルド（新潮社）；《來自深淵的吶喊：王爾德獄中書》（*De Profundis*・中譯本，漫步文化出版，二〇一四年）
《ランボー詩集》（新潮社）

《ヴェルレーヌ詩集》（新潮社）
《ニジンスキー》石福恒雄（紀伊國屋書店）
《ローマ皇帝ハドリアヌス》ステュワート・ペローン（河出書房新社）
《世界の文学33　ジード・モーリアック》（中央公論社）
《世界の文学15　トーマス・マン》（中央公論社）
《現代思想　第二巻第七号》（青土社）
《レオナルド・ダ・ヴィンチ》ケネス・クラーク（法政大學出版局）
《プルースト・母との書簡》フィリップ・コルグ（紀伊國屋書店）
《ゲイ文化の主役たち》ポール・ラッセル（青土社）
《美と狂気の王ルートヴィヒ2世》マルタ・シャート（講談社）

國家圖書館出版品預行編目 (CIP) 資料

美少年的「腐」歷史：原來我們已經腐了兩千年 / 桐生操作 ; 鍾明秀譯 . -- 初版 . -- 新北市 : 大風文創 , 2016.11
面 ; 公分 . -- (Mystery ; 23)
ISBN 978-986-93314-7-0(平裝)

1. 同性戀 2. 歷史

544.751 105016905

Mystery 023

美少年的「腐」歷史：原來我們已經腐了兩千年

作　　者／桐生操
譯　　者／鍾明秀
特約編輯／劉素芬
封面插畫／HAREKO
美術設計／亞樂設計有限公司
主　　編／王瀅晴
編輯企劃／月之海
發 行 人／張英利
出 版 者／大風文創股份有限公司
電　　話／(02)2218-0701　傳真／(02)2218-0704
網　　址／http://windwind.com.tw
E-mail／ rphsale@gmail.com
Facebook／大風文創粉絲團
http://www.facebook.com/windwindinternational
地　　址／231新北市新店區中正路499號4樓

台灣地區總經銷／聯合發行股份有限公司
電話：(02)2917-8022　傳真：(02)2915-6276
地址：231新北市新店區寶橋路235巷6弄6號2樓

港澳地區總經銷／豐達出版發行有限公司
電話：(852)2172-6513　傳真：(852)2172-4355
E-mail：cary@subseasy.com.hk
地址：香港柴灣永泰道70號柴灣工業城第二期1805室

ISBN／978-986-93314-7-0
初版二刷／2019.09
定　　價／新台幣380元